春风桃李

——我教书育人的这些年

刘相国 著

中国商业出版社

图书在版编目（CIP）数据

春风桃李 ： 我教书育人的这些年 / 刘相国著. 北京 ： 中国商业出版社， 2024. 6. -- ISBN 978-7-5208-2946-5

Ⅰ. G4-53

中国国家版本馆CIP数据核字第2024T2X267号

责任编辑：朱丽丽

中国商业出版社出版发行

(www.zgsycb.com　100053　北京广安门内报国寺1号)

总编室：010-63180647　编辑室：010-63033100

发行部：010-83120835/8286

新华书店经销

潍坊鑫意达印业有限公司印刷

*

787毫米×1092毫米　16开　15印张　240千字

2024年6月第1版　2024年6月第1次印刷

定价:78.00元

****

(如有印装质量问题可更换)

前 言

本书是我从事教育工作30多年的心得、总结和思考的结晶。在本书中，我将与大家分享我对教育的理解、经验和观点，希望与各位教育同人、家长朋友以及孩子们一起共同进步、共同提高。

中国现代教育的先驱陶行知先生，强调关注学生的品德教育和人格培养，他认为教育的核心不仅仅是传授知识，更重要的是培养学生的道德品质和社会责任感。爱国、爱校、爱人民是陶行知提倡的教育理念之一。

本书的主要线索是爱国、爱家、爱人民、爱校、爱师、爱学生。这也是我们在教育实践中遵循的教育理念。在日常管理和教学过程中，应做到以人为本、立德树人，遵循国家课程和教育规律。根据学生的年龄、认知水平和兴趣特点因材施教，坚持教师第一、学生第一，让每一个学生成为更好的自己，办高质量的教育，办人民满意的学校成为我们的首要任务。

本书主要阐述了山东省昌乐一中分校北大公学高中筹备发展的过程，选取了制度与会议记录、工作日志等资料。在家校共育环节，通过多年积累的书信等素材，着重探讨了家校共育中父母与子女高效沟通的重要性，展示了高中和大学阶段促进子女成长成才的沟通过程。具体而言，本书分为六章，具体包括制度文化、团队建设、多元课程、高效课堂、家校共育、给儿子的信。

在教育实践中，我们通过多种途径，如校园文化建设、多元课程、升旗仪式、社会实践活动等，引导学生树立正确的爱国、爱校、爱人民的意识和行为准则，促进学生全面发展，培养他们的社会责任感和创造力，为国家和社会的繁荣作出贡献。我们欣喜地看到，通过营造积极向上、文明和谐的校园文化氛围，培养了学生良好的品德和行为习惯，促进了学生健康成长；学校组织的多种形式的学生活动，如文艺比赛、科技竞赛、志愿服务等，丰富了学生的课余生活，提高了学生的综合素质。

为提高广大教师的教育水平和教学能力，我们为学校教师提供专业培训和发展机会。同时，加强家校沟通和合作，为家长提供教育和培训机会，以推动家庭教育和学校教育的有机结合，促进学生全面发展。

衷心希望本书能够对教育工作者有所帮助，激发读者对教育的热情。愿我们共同努力，为教育事业的发展贡献自己的力量。

目 录

第一篇 学校管理育人

——小荷才露尖尖角，早有蜻蜓立上头

本篇由两章组成，内容包括制度文化和团队建设，向读者展现我们学校管理的主要策略和蕴含的价值理念。

第一章　制度文化

从来业绩酬辛勤，自此东风绽百花

——学校管理实践探索

优秀的昌乐一中人，勇于开拓，坚持以人为本、立德树人，全面贯彻落实党的教育方针，全面提升学生核心素养。以提高教学管理和研究的科学化、规范化和精细化水平为重点，深化教学改革，提高课堂实效，引领教师专业成长，担当作为，狠抓落实，全面提高教育教学质量，与昌乐一中文化同根、理念同源、目标统一、行动同步，站在成功的起点上，全力以赴创办“学生提高、教师发展、家长满意、社会认可”的高品位一流分校。

一、办学理念

我们学校严格遵循并落实“竭尽全力为教师考虑，竭尽全力为学生考虑”的办学思想，以及“育人为本，全面发展，因材施教，特长突出”的办学理念，争取做到办学高标准、教学高效益、学生高素质。我们的办学目标有以下七个。

1. 教育教学质量目标

高考成绩突出，多名同学被清华大学、中国美术学院、中央美术学院、中国传媒大学、天津大学、山东大学、北京科技大学等名校录取，文化课重本上线率和普本上线率高。各年级统考成绩提升幅度大、学业水平合格率高，得到社会各界的广泛认可和一致好评。

2. 课程建设目标

全面落实课程建设方案，开设阅读课程、书法课程、日语课程，开设音体美与信息通用技术课程，开展音乐、体育和美术等多个社团活动。通过开学典礼以及每周升旗仪式、主题班会、校本课程、全员育人导师制、校园社团活动等措施落实好活动育人。

3. 课堂教学目标

深入研究新课标、新教材、新高考评价体系，立足新教材，落实新高考方案，落实教学常规，加强集体备课和研究，打造“7667”高效课堂，不断提高课堂教学水平和教育教学质量。

4. 教师队伍发展目标

以党建为统领，打造一支爱岗位、懂科研、善教学、会管理的高素质教师队伍。发挥党员的战斗堡垒与先锋模范作用，领导落实“1333”听评课制度，加强领导班子、班主任、教研室主任、备课组长和教师队伍的战斗力。落实常规管理制度，规范教师任教的各项行为，落实教职员工绩效考核制度，激发工作积极性，促进学校健康有序地发展。在各类评奖活动、高层次教研活动上有较大突破，力争每科都有较多人数参与并获奖。

5. 常规管理目标

依托“四线管理”，以综合素质评价平台的常态化使用为抓手，以班风、学风建设为突破口，继续抓严抓细常规管理的各个环节，通过学生会进行学生自主管理，加大课间操、两睡、卫生、自习、课间秩序、考勤的管理力度，规范学生的言行，净化学习生活环境，增强学习氛围，努力使学生养成良好的学习习惯和行为习惯。

6. 平安学校建设目标

警钟长鸣，从思想教育、详细的检查活动入手，落实安全管理措施，全面提高学校安全管理水平，营造良好的育人环境，确保不出任何安全责任事故。

7. 强化服务保障目标

提前计划，勤于沟通，服务工作要围绕教学，服务师生，践行“承诺服务、微笑服务、主动服务、文明服务、优质服务”新要求，促进教学质量提升。

二、学校发展的主要矛盾

我们学校是一所新孕育的高中民办学校，发展的主要矛盾是：大批青年教师教育教学水平提高与全面提高教育教学质量之间的矛盾；广大教师普遍较高的成绩欲望与教学业绩、社会期待需要长时间积累之间的矛盾。

三、治校之道

我们的治校之道由一个中心、两个基本点、三个细节支撑构成。

1. 一个中心

以学生提高素质、教师发展能力、社会满意认可为中心。

2. 两个基本点

（1）从学校管理层来说，必须体现教师第一的理念。教师团队得到发展，整体素质提升，且每个人的团队意识强，积极主动地工作，想团队之所想，急团队之所急，为了提高教学质量，凝心聚力，全力以赴地投入到教学工作中，就一定会克服各种困难，无往而不胜，取得优异成绩。

（2）从教师团队来说，必须体现学生第一的理念，因为学校的一切工作，都是为了提高学生素质，为国家培育人才而开展的，所以，教师在工作中要处处体现学生第一的理念，上课要关注到每一个学生，不让任何一个学生掉队；在日常管理中，要严格要求每一个学生，对于个别生活上遇到困难的学生，要多关心帮助；在校园活动中，要充分发现学生的特长，展示学生的个性，让每个学生都健康成长，张扬个性，培养一生爱好。

3. 三个细节支撑

（1）平时工作要做到位，不要在检查前造制度、补材料，任何工作都要做到实实在在、踏踏实实。不管是年级的工作还是后勤部门的工作，都要计划到位，把工作做完、做细、做扎实，检查前稍微补充即可。

（2）处室安排的一切工作都不能耽误教师的上课、备课时间，能不影响教师办公的，就不要影响，让教师安心备课、上课。

（3）学校的任何工作包括教师出差、平日开会等都不要耽误学生的上课时间，有冲突先给学生上课。另外，上级安排的活动、必须办的事情，要计划好，安排好程序，迅速完成，不要出现浪费学生时间的现象。

学校领导要真正静下心来，研究学问，钻研相关业务，深入教师中，进入课堂中，深入学生中，帮助师生实现个人梦想，同时成就自己，为学校的发展作出贡献。

四、文化兴校、制度立校、质量强校

我们坚持文化兴校，制度立校，文化是软制度，制度是硬文化。我们以“学生第一，老师第一”为出发点，形成了“竭尽全力为学生考虑，竭尽全力为老师考虑”的办学理念，积淀了“自强不息，追求卓越”的学校精神，打造了“团结、勤奋、求实、创新”的团队作风。通过落实严格的师生管理制度，师生队伍的精神风貌得到极大改善。教师爱生如子，想学生之所想，急学生之所急，在学习上指导学生，在生活上关心帮助学生，切实让每一位学生全面提升；学生在一日常规中养成了良好的生活习惯，为学习的提高和人生的发展打下了坚实的基础；后勤队伍落实“主动服务、承诺服务、文明服务、优质服务、微笑服务、当天服务”的工作目标，乐于奉献，不求回报，为教师工作、学生成长、学校发展贡献力量。

1. 文化兴校

学校注重文化建设，用文化引领师生健康成长，校园已成为生动活泼和充满亲情的家园，用书香墨香花香，吸引学生，做到了环境育人。学校有三个文化长廊，拥有1.2万平方米的图书馆，平安校园、智慧校园、红色校园三园同创，形成了良好的学习氛围。

学校大力弘扬爱国主义精神，把爱国主义教育贯穿教育教学全过程，让爱国主义精神深入学生心中。学校在开学典礼以及每周升旗仪式时举行演讲，传播爱国主义精神与学校文化，让学校文化更好地渗透到师生心中。学校在国家重要节日时开展主题式德育课程，用红色文化铸就红色灵魂，培养德、智、体、美、劳全面发展的新时代建设者和接班人。

2. 制度立校

文化是软制度，制度是硬文化，学校建立和健全了各种规章制度。特别是新学期开学之初，学校根据潍坊市教科院和县教研中心的要求，借鉴历城二中的评价方案，制订了我校教师考核评价方案，使教师的考评更科学、更专业。

学校非常注重教研活动，制定了《高中集体备课要求》，每周进行两次集体研究，每次集体研究的时间为半天。制订了《高中磨课方案》《高中校级公开课方案》《高中教师课堂大赛方案》《高中领导听课调研制度》，听课时，根据设计好的课堂观察量表，有计划地进行课堂观察，当天评课，指导教师取长补短，共同提升。

3. 质量强校

我校学生的一日常规制度保证了学生良好学习生活习惯的形成。例如：每天早上按时到教室晨读；上午大课间和下午大课间，一天两次体育锻炼，让学生身体健康、心情舒畅地学习；学校规定每节课的时间为40分钟，保证了课堂高效；每天上午都有一段自由学习的时间，让学生自己总结、提升，每天晚上有一段自由学习时间，让学生自己思考、进步。

教师严格落实日常管理。每天的两睡期间，班主任中午检查到1点以后，晚上检查到11点以后，然后由生活教师进行全程检查，保证学生得到良好的休息；自习期间，除了任课教师看班外，班主任也会不定时地检查自习纪律，保证学生良好的自习纪律和自习效果；我校制定了高效课堂的有关准则，教师们按照准则上课，保证学生在课堂上学习效率更高。

天道酬勤，辛勤付出换来了学校教育教学质量的全面提升，学校教学和管理成绩

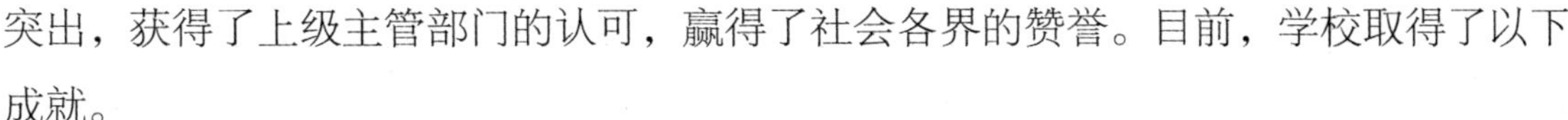

突出，获得了上级主管部门的认可，赢得了社会各界的赞誉。目前，学校取得了以下成就。

（1）办学规模——逐年扩大。

学校办学第一年共 16 个班级，700 余名学生，79 位教职工；第二年增加到 32 个班级，1700 余名学生，169 位教职工；第三年发展为 44 个班级，2200 余名学生，202 位教职工，师生队伍趋于稳定。

（2）办学业绩——逐年提高。

①高考成绩。2020 年和 2021 年两年高考成绩优异。高考录取名校多，两位同学被清华大学录取，多名同学被 211、985 学校录取；文化课重本上线率和普本上线率高；各项成绩提升幅度大，得到了学生和家长的高度认可。

②学业水平考试成绩、统考成绩。高一年级化学、生物、历史、地理学业水平考试均取得优异成绩。2019 级学生 2020 – 2021 学年第二学期的期末考试成绩与期中考试相比，两条线的进线人数均有大幅度提高，提升率全县领先。2020 级学生 2020 – 2021 学年第二学期的期末考试在 62 人学日语的情况下，提升率全县领先。在五县联考和市统考中，我校应届高三学生成绩优异，与高一入学时考试成绩比较有显著提升。

③教师成长。学校连续两年获得县政府颁发的“昌乐县教育工作突出贡献奖”。27 名教师获得潍坊市第十八届教学成果奖、21 名教师获得县级荣誉称号、王效迪老师获得“潍坊市青年岗位能手”、12 名教师获潍坊市拔尖创新学生培养团队奖等荣誉称号。

④学生成长。我校对学生进行自主管理、因材施教，落实陪伴教育、信心教育、励志教育、激情教育，育人成果显著。多名学生在全国比赛中获得优异成绩，学生健康成长，快乐生活，不断进步。

教学管理制度是保障学校教学活动顺利进行的重要文件。以下选取关键的教学管理制度内容，与大家分享。

五、“1333”听评课调研制度

为了确保学校领导能够深入教学一线，加强领导与师生间的沟通，保证集体研究，促进教师教学积极性，提高课堂教学效率，全面提高教育教学质量，学校特制定以下听评课制度。

1. 学校领导每周至少听三节课并与老师交流，帮助教师改进课堂教学，提高课堂教学效率。

2. 学校领导每周参加三次集体备课并进行说课评课，认真组织好集体研究，达到集体研究的良好效果。

3. 学校领导每周至少与三名老师或学生进行谈话，了解教情学情，促进师生发展。

4. 学校每周六在教师群中公布本周听课评课、集体备课及谈话情况。

六、集体备课要求

集体备课的效果直接影响教学的课堂效果以及教学质量。为了确保集体备课的有效性，学校作出如下规定。

1. 各学科每节课必须进行集体研究，集体备课做到三定四统一：定时间、定地点、定内容，统一进度、统一学案、统一课件、统一习题。研究时间由学科组长根据课表安排制定、上报。

2. 集体备课前，组长要准备好课件、学案，集体备课时要认真研究。学案修改后签字印刷使用，课件修改后各自根据自己情况再完善使用。

3. 集体备课时，骨干教师要针对内容，说教学目标，说重点、难点，说教学过程，说难点如何突破。青年教师要轮流说课，对教学内容烂熟于心，灵活驾驭。

4. 学案要注意夯实基础，拓展变化，重在提升能力。

5. 形成统一的课件、学案、上课思路。

6. 年轻教师必须在集体备课的基础上做到先备再讲、先说再讲、先批再讲、先听再讲、先签再讲。

七、提高课堂教学效率的七项规定

为规范课堂教学程序，落实好自主合作探究的课堂，提高课堂效率，保证课堂质量，让每个学生都健康成长，不断进步，提高素质，现对课堂教学作如下规定。

1. 一个中心：以学生发展、思维提升为中心。

2. 两个基本点：依据新课程标准施教，依据学生暴露的问题施教。

3. 三个阶段：课前预习，课中学习，课后巩固。

4. 四个为主：教为主导，学为主体，思为主攻，练为主线。

5. 五个要求：先备再讲，先听再讲，先说再讲，先批再讲，先签再讲。每节课讲授时间不要超过 25 分钟，学生自主学习时间不能少于 10 分钟，每节课调度学生不能少于六人。

6. 六个方面：精神饱满，激情飞扬；出示目标，步步落实；讲练结合，夯实基础；小组合作，全员参与；拓展变化，提高能力；总结反思，当堂消化。

七个环节：检、讲、展、论、点、测、结。即检查、讲解、展示、讨论、点拨、测试、总结，可以根据情况灵活运用，适当减少环节，只要有利于学生学习、有利于学生掌握知识、有利于提高学生思维高度就行。

高中学生日常行为规范

为进一步加强学校学生纪律管理，给学生创造一个良好的学习和生活环境，保证学生健康成长，根据有关规定，结合学校实际，特制定本细则。

一、自尊自爱，注重仪表

1. 学生在校须穿校服、戴胸卡，不烫发、不染发，不佩戴首饰，男生不留长发，女生不穿高跟鞋。

2. 不随地吐痰，不乱扔废弃物，讲究卫生，养成良好的卫生习惯。

3. 举止文明，不说脏话，不骂人，不打架，不赌博。不涉足未成年人不宜的活动和场所。不看色情、凶杀、暴力、封建迷信的书刊、音像制品，不参加迷信活动。

4. 爱惜名誉，拾金不昧，抵制不良诱惑，不做有损人格的事。

5. 注意安全，防火灾、防溺水、防触电、防盗、防中毒等。

二、诚实守信，礼貌待人

1. 尊重教职工，见面行礼或主动问好，给老师提意见态度要诚恳。

2. 同学之间互相尊重、团结互助、理解包容、真诚相待，不以大欺小，不欺侮同学。

3. 不动用他人物品、不看他人信件和日记。不打扰他人学习工作和休息。

4. 诚实守信，言行一致，答应他人的事要做到，做不到时表示歉意，借他人钱物要及时归还。不说谎，不骗人，不弄虚作假，知错就改。

5. 上、下课时起立向老师致敬，下课时，请老师先行。

三、遵规守纪，勤奋学习

1. 按时到校，不迟到，不早退，不旷课。上课专心听讲，勤于思考，勇于发表见解。

2. 认真预习、复习，主动学习，按时完成作业，考试不作弊。

3. 按时参加学校升旗，积极参加学校组织的其他活动，遵守活动的要求和规定。

4. 认真值日，保持教室、校园整洁优美。不在教室和校园内追逐打闹、喧哗。

5. 爱护校舍和公物，不在黑板、墙壁、课桌、布告栏等处乱涂改刻画。借用公物要按时归还，损坏东西要赔偿。

6. 遵守宿舍和食堂的制度，爱惜粮食，节约水电，服从管理。

7. 就餐要在食堂，排队打饭，不插队、不捎饭，文明就餐。

8. 正确对待困难和挫折，不自卑，不嫉妒，不偏激，保持心理健康。

9. 不吸烟，不喝酒，不进游戏厅、录像厅、网吧，男女不谈恋爱，交往要文明。

10. 按时作息，不得提前离开宿舍或进入宿舍。非作息时间进入公寓楼须有证明条。

11. 通校生办理通校证，非通校生出入校门必须办理请假手续，持证外出。自行车停放在学校车棚，停放整齐。

12. 不带手机进入学校。

13. 不爬墙外出、夜不归宿。

14. 未经允许不强行出入校门，家长来校接孩子须电话联系班主任，尊重门卫等工作人员。

15. 不欺骗、吼、骂、威胁、殴打学校教职工，不扰乱课堂秩序。

16. 学生不准携带水果刀、匕首、弹簧刀、管制刀具进入校园。

17. 不打架斗殴，不参与打群架。

四、勤劳俭朴，孝敬父母

1. 生活节俭，不互相攀比，不乱花钱。

2. 学会料理个人生活，自己的衣物用品收放整齐。

3. 生活有规律，按时作息，珍惜时间，合理安排课余生活，坚持锻炼身体。

4. 经常与父母交流生活、学习、思想等情况，尊重父母意见和教导。

5. 外出和到家时，向父母打招呼，未经家长同意，不得在外住宿或留宿他人。

6. 体贴帮助父母长辈，主动承担力所能及的家务劳动，关心照顾兄弟姐妹。

7. 对家长有意见要有礼貌地提出，讲道理，不任性，不耍脾气，不顶撞。

8. 待客热情，起立迎送。不影响邻里正常生活，邻里有困难时主动关心帮助。

五、严于律己，遵守公德

1. 遵守国家法律，不做法律禁止的事。

2. 遵守交通法规，不闯红灯，不违章骑车，过马路走人行横道，不跨越隔离栏。

3. 遵守公共秩序，乘公共交通工具时给老、幼、病、残、孕及师长让座，不争抢座位。

4. 爱护公用设施、文物古迹，爱护庄稼、花草、树木，爱护有益动物和生态环境。

5. 遵守网络道德和安全规定，不浏览、不制作、不传播不良信息，慎交网友。

6. 珍爱生命，不吸烟，不喝酒，不滥用药物，拒绝毒品。

7. 观看演出和比赛，不起哄滋扰，做文明观众。

高中学生住宿规定

一、严格遵守《高中学生日常行为规范》和学校制定的一切规章制度。

二、不得将废弃物扔到厕所或下水口，以免发生堵塞。

三、按时作息，不准早起。午休、晚睡时间不准外出，不准撬门，不准洗漱，不准高声喧哗、打闹；严禁打扑克、下棋；严禁使用手机。

四、讲究公共卫生和个人卫生，做到“六不准”：不准随地泼水和乱丢食物；不准随地吐痰，乱扔纸屑；不准在墙壁、门窗上乱写乱画，乱贴字画；不准乱砸钉子，乱扯铁丝、绳索，乱挂衣物，等等；不经允许，不准动用他人物品；不准在宿舍内就餐。

五、每天的值日人员要做好室内清洁工作，宿舍垃圾要放到垃圾桶内，严禁堆放在宿舍或到处乱扔。

六、不准从窗口向楼下扔东西、泼水。

七、节约水电，不准乱拉、乱接电线，不准私装电器。

八、上课或自习时间不准在宿舍内逗留、不准进宿舍。未经许可不准擅自带外人或亲友到宿舍内玩耍、留宿。身体不舒服到学校卫生室观察休息，特殊情况回宿舍。（请假回家带物品、取急需学习物品）必须有班主任、教育处主任签字的批条且要立刻离开。

九、同学间要团结友爱，举止文明，不讲秽言污语；禁止携带火种进入宿舍楼内，禁止点蜡烛，严禁学生吸烟。

十、离开宿舍要及时关好门窗，壁橱上锁，保证住宿生的人身和财物安全。

十一、爱护楼道内一切电器、消防、自来水管道、卫生间设施。损坏的公物由损坏者按原价赔偿，故意破坏者，从重处罚。

第二章　团队建设

通过精细的管理和优秀师资的精心培育，入学成绩一般的学生，经过高中三年的耐心指导，综合素养得到极大提高，学生在高考中取得了理想的成绩，到自己心仪的大学去求学深造。这些成绩的取得源于以下两点。

1. 校长对学校工作全面责任，实行校级领导包科制、包级校长年级负责制和教研室主任学科负责制，以清晰的目标定位和明确的清单管理为指导，采取挂图作战的方式，并对教师实行年级和教研室双向管理。

2. 学校实施了基于“四线”管理模式的学校管理制度。通过校级值日、年级、班级和学生自主管理等四线阵地，构建了“点、线、面”立体管理模式，以形成全方位和全员参与的管理格局，实现校园24小时全方位、无死角、精细化管理。这种管理模式科学地保障了全校师生的安全，成功实现了零事故的办学目标。

此章节将呈现不同年份的会议记录和演讲稿以及作者对班级管理的深入分析与思考，旨在促进大家的交流与合作。

坚定信心珍惜机遇，攻坚克难干事创业

——学校办公会会议记录

我们始终坚持“新起点、走在前、开新局”的工作总目标，转变作风，精研教学，严抓管理，学校在各方面实现了巨大提升。在关键时刻，我们要继续自我加压，牢牢把握“作风大转变、招生大突破、质量大提升”的工作方向，以积极主动的态度落实好以下工作。

一、研究好方向，提高教学质量

始终以“踏踏实实、扎扎实实、老老实实、实实在在”的态度把工作落实好。研究好方向，研究要深入，研究好了事半功倍，研究不好事倍功半。在教学中要严抓教学常规问题，教学能手展示课继续配合研究课、公开课进行。始终坚持以领导“1333听评课制度”为抓手，包科领导扎实参与听课、评课、集体研究中，深入师生中和老师学生谈话，力争对课堂教学效率提高、教师专业能力成长和学生学习成绩进步起到重要作用。

低起点，严落实，高提升。高一、高二年级，继续稳定推进好夏考、春考方面的教学工作，巩固基础，加强学习习惯的养成。高三年级则要抓住专题复习的牛鼻子，不断提高课堂教学质量，在专题训练、学案编制上要有“无价值、不入题，无思维、不用题，无情景、不成题”的意识，紧扣复习材料，在重难点方面反复强调、练习，加强答题技巧和思路方法的培养，重点抓好边缘生发展。高考在日语、艺术、体育三个方面的转变，对文化课提升有了更高的要求，我们要把握机遇，攻坚克难，再创辉煌。

二、管理强基础，落实促提升

有了问题才会思考，有了思考，才有解决问题的方法。值班要善于发现问题、解决问题，各部门对问题要有认领意识，当天落实、当天反馈，对反映出的问题做好量化评价，以评促改、以评促优，帮助学生习惯养成。在常规检查的基础上，要把突击检查抓起来，各年级对班主任做好培训，教育处配合好，及时通过检查掌握特殊情况，减少安全隐患。

年级主任和班主任要起到引领带动作用，始终陪伴学生。尤其是跑操，班主任不仅要起到监督作用，还要通过陪伴和引领提升学生跑操的积极性，增强师生体质，凝聚团队合力。

三、保障强有力，服务优品质

兵马未动，粮草先行。教师层面，要落实好工资保障，体检、教师聚餐等教师福利及时组织和发放，鼓励和调动教师积极性；学生层面，春考专业课所需的实训材料、教室、设备等及时配备好，满足各专业学生的学习和操作需求；学校层面，落实好“主动服务、承诺服务、文明服务、优质服务、微笑服务”，最重要的是当天服务，解决问题不过夜，推进发展不停歇。

四、招生有方向，生源提质效

在上级主管部门提供了前所未有的政策支持这个大环境下，我们招生的步伐已经稳步迈出，各组要落实好“早、实、多”三个要求。抓住先机，及早动员招生人员行动起来；注重实效，盯准目标人群，招生要有方向；扩大数量，多招收优秀生，提高生源质量。招生要抱着“走遍千山万水，说遍千言万语，想尽千方百计，吃尽千辛万苦，走进千家万户”的态度，多和老师、家长、学生沟通，注意沟通的方法和技巧。

作为学校的中坚力量，我们要对单位忠诚，对工作忠诚，对师生忠诚，以“诚”为先，才能做到“爱、勤、实”。希望在今后的工作中大家一定静心钻研、强化落实、深化研究、优化管理，促进学校教学质量再提升，齐心协力将我校打造成一流名校。

2023 年 4 月 5 日

踔厉奋发启新程，勇毅前行谱新篇

——全体教职工大会发言记录

今天是新学期第一次召开全体教职工大会，我们观看了学校宣传片，对优秀教职工进行了表彰，并对学校本学期的工作计划进行了安排和解读。接下来，我针对学校的工作总结和未来的发展规划从以下三个层面与大家进行交流。

一、不容易

过去的一年，教师们在保证自己和家人身体健康的前提下，保证给学生上好课，提高教学质量，帮助学生平安健康的同时学习进步。班主任除了日常的教学管理外，每时每刻都关心着学生，惦记着学生。备课组长在保证自己教学水平提高的同时，更要带领备课团队集体研究、集体备课，不断提高各位教师的教学能力，促进课堂提质增效。在全体领导和教职工的共同努力下，我们众志成城，攻坚克难，最终圆满地完成了历次任务，且都得到了上级领导的充分肯定和家长的高度认可。

二、了不起

受到表彰的各位教师，是大家的榜样，也是大家学习的典范。实际上在过去的一年，我们每位领导和教职工，都是了不起的，无论是前勤教师还是后勤职工，始终保持高度的自觉意识、自律意识、服务意识。在大家齐心协力下，学校得到了稳步发展，主要体现在以下三个方面。

1. 师生的学习生活安全、有保障。我校组织学生顺利完成了艺考、学考、听力高考三大考试。可以说，我校的管理和保障措施，对学校发展起到了很重要的作用。

2. 学校稳步发展，师生队伍逐渐扩大。建校三年来，我校教职工和学生队伍逐渐庞大，学校审时度势开办职教高考班，为学生成才提供更多的机会，得到了学生和家长的肯定。三年来，学校克服了各种困难，各项工作稳步推进，每位职工都坚定一切为了学校发展的信念，舍小家为大家，共同为学校的发展尽一份绵薄之力。

3. 教育教学质量不断提升。教师队伍、学生素质、学校规模等发展离不开教学质量的提升，只有以高质量的教学作为支撑，学校才能实现高质量发展。我校三类大型考试成绩优异：三年来，历次统考稳步提升，在期中考试成绩突出的基础上，期末考试重本、二本每个分数段又有了巨大的进步。

三、走在前

总结过去，我们踌躇满志，信心坚定，展望未来；我们昂首向前，奋勇争先。新学期，我校将继续在普高学生培养、专业学习探索等方面作出努力，实现走在前、开新局。我们具体要从以下三个方面作出努力。

1. 作风要有大的转变。注重领导班子的作风建设，和教师队伍的师德师风建设。始终贯彻“老师第一，学生第一”的思想，弘扬“尽心竭力帮助教师，尽心竭力帮助学生”的价值理念，坚持“育人为本、全面发展、因材施教、特长突出”的办学理念。教师要关心、爱护、帮助每位学生，严禁有偿家教；教师日常的一举一动都要给学生做好榜样，在校要着正装，教师的着装代表着工作态度，为人师表，率先垂范；工作时间除特殊情况杜绝看手机，尤其不能将手机带进课堂，日常中也尽量减少对手机的使用，把时间用来提升自己；注重会风问题，开短会，开小会，开解决实际问题的会，开会不迟到，不玩手机，着正装，以高度投入的状态参与每场会议，会后注重落实。领导要在这些方面以身作则，起到引领带头作用，各年级也要抓好落实，并将作风建设纳入考核评价中。

2. 招生要有大的突破。学校已经度过了生存期和巩固期，马上进入发展期，在招生方面我们要群策群力，发挥全体教职员工的作用，全员招生。在保证生源数量的基础上，更加注重生源质量，为学校今后的发展奠定基础。同时，学校也会制定奖惩机制，鼓励大家积极招生，希望各年级和各部门能针对招生问题提供具体措施，开好招生调度会，落实好招生工作。

3. 质量要有大的提升。针对学校教学质量，我们提出以下目标：2023 年高考要继续保持重本 30% 以上，普本 90% 以上的升学率，应届重本人数达到 50 人，普本达到 250 人；学业水平要保证百分之百的合格率；历次统考都要有进步和提升；加强对职业教育的探索和研究，争取有良好的开端，成为学校办学的助力。针对这四个目标，我们应采取以下相应的措施。

（1）管理上要做到严、细、实。学校教学质量的发展，管理是基础，从课间操、两睡、卫生、自习纪律，到学生的仪容仪表、电子设备、文明交往，各年级都要严抓

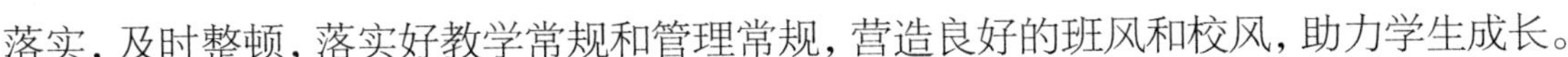

落实，及时整顿，落实好教学常规和管理常规，营造良好的班风和校风，助力学生成长。

（2）注重教学研究。各学科要将集体研究的成果落实到学案的编制上，编制精品学案，把课堂教学六个方面，通过问题设计体现出来。课堂上，注重教学实践，搞好课堂大赛，领导和骨干教师上好示范课，坚持我校提出的“7667”高效课堂制度，让每位师生受益。

（3）因材施教，解决问题。加强与学生的沟通和交流，掌握每位学生的情况。在测评中，针对问题做好二次过关、跟踪练习，给学生及时“开好药方”，做好重难点问题突破。

最后，针对新学期几项具体的工作，我们作如下简单的安排。

1. 教育处、教务处搞好备课组长论坛和班主任论坛，各年级组织教师及时参加假期培训。在论坛和培训过程中，教师们要抱着谦虚的态度，学思结合，学习经验，提升能力。

2. 各类计划及时完成并上交，计划要体现目标、问题、措施，不要大而空，更不要抄袭。

3. 假期推荐的书籍《自律的人生更自由》，大家再读再看，及时写好心得体会，在年级内、学科组内进行交流。

4. 收心归位，搞好管理。

5. 教室里要勤消毒并开窗通风，利于师生身心健康。

新学期，新征程，我们要开好头，起好步。开头即冲刺，起步即决战。过去三年，我们攻坚克难，踏实而坚定，在未来的道路上，我们要勇于担当，敢于作为，恪尽职守，坚持党的教育方针，落实立德树人的根本任务，办好人民满意的教育，全力以赴打造学生进步、教师发展、家长满意、社会推崇的齐鲁名校。

2023 年 2 月 4 日

“不忘初心、牢记使命”与争先创优

——全体干部大会发言记录

今天是新学期第一次全体干部大会，我们学校的教职工队伍和党员队伍都在去年的基础上得到了进一步的充实、增强、完善，相信我们的队伍会越来越强大，人数进一步壮大，力量进一步增强。接下来，我与大家交流以下方面的内容：不忘初心、牢记使命；争先创优。

一、不忘初心、牢记使命

教师的初心是“立德树人、教书育人”，我们要始终铭记第一次踏上讲台，初为人师时的初心，永远不能改变。我一直强调“教师第一、学生第一”的思想。从学校的管理层面来说，必须树立“教师第一”的思想；从教师层面来说，必须树立“学生第一”的思想，要关爱、陪伴每一名学生，让每一名学生都能健康成长。学校只要树立了“教师第一、学生第一”的思想，一定会不断发展、蒸蒸日上。

作为一名共产党员，我们要有使命、有责任、有担当。不管在什么岗位上都要担负起责任，从学校副校级干部到年级主任、学科组长、教研室主任、班主任，再到任课教师，都要肩负起自己的责任与使命，各项工作才能更好地进行。

二、争先创优

作为一名共产党员，各项活动都要做到永葆共产党员先进性。我们需要做的是立足本职岗位，做到争先创优。

经过一年的努力，我校拥有了一流的硬件设施、优美的校园环境，学校一年来取得的成绩，大家是有目共睹的。第一是高考成绩，第二是每次考试的提升率，第三是会考的合格率，不管从哪项成绩来看，我校的成绩都是非常优异的。我校现在欠缺的是以下几个方面：一是师资力量需要进一步加强、夯实，缺少名师，需要加强教师水平，教师们争取获得更多的县级、市级及以上荣誉称号等；二是起始年级的生源基础差，以后要把握好起始年级的生源，争取进一步提高生源质量。

在“不忘初心、牢记使命；争先创优”的前提下，我再跟各位交流以下内容。

首先，明确目标，咬定青山不放松。每位党员都有自己的职责，不管处在哪个岗位上，都要对照自己岗位的职责，在学校以及全县的层次上争先创优。对自己不要有任何怀疑、犹豫，要有一种“闯”的精神，坚信任何困难都不能将自己打倒。

其次，正视困难，越是艰险越向前。我们学校真正的困难时期是在2019年暑假刚刚建校招生的时候，是成绩提升的时候，是2020年8月初招生的时候。这么多困难，都被我们克服了，今后还有什么困难克服不了呢！在爬坡过坎的时候，各位党员干部要走在队伍的最前列，将困难克服。作为一名共产党员，要有高境界，在群众面前说该说的话，做该做的事。

最后，坚定执行，柳暗花明又一村。作为一名共产党员，无论是面对学校的工作安排、党支部的工作安排，还是年级的工作安排，都要发挥党员的模范带头作用，坚定不移地执行好。相信我们大家全力以赴、共同努力、坚定执行，一定会柳暗花明又一村。

各位党员要立足本职工作，包括教学成绩、管理成绩、教研成绩等，各司其职，将学校各项工作做好。各位党员本着对自己负责的态度，对年级、学校负责的态度，对学校党支部负责的态度，对党负责的态度，把每一项工作落实好，一定会取得优异的成绩。

2020年10月26日

坚定信心，明确目标，注重方法，全力提升

——高三年级级会发言记录

高中是学生生涯中的一个重要时期，是青年人“编织梦想”的时期，在这一阶段学生将通过学习为实现未来美好人生做好必要的准备。每一个高中生，无论是从学业进步还是从自我发展来说，都需要付出艰辛。每一位品学兼优的学生，之所以取得好的成绩，都有其必然性，绝非偶然。尽管有的同学偶尔会超常发挥或有所失误，但是总体上付出和收获是成正比的，没有徒劳无功的努力，也没有不劳而获的胜利。优异成绩的取得，都是学生自己努力得来的，靠偶然性考取好的大学，是不可能的。

美丽的校园为我们师生创造了沟通的土壤，教育就是师生心灵和谐共存、互相感染、互相影响、互相欣赏的精神创造过程。为了能使同学们在高中更好地生活与学习，下面我将与同学们探讨一下，关于学习的方式与方法。也希望能够引起同学们的共鸣，使你们今后无论在学习还是生活上，都能做到自信与从容地面对。

一、明确形势，坚定信心

首先，从全省高考形势来看，2013年高考考试报名人数50多万人，重本录取近10万人，比例在20%左右。普本录取25万人，近50%，另外还有3+2的本科录取模式，即上五年大学取得本科毕业证。从分数线看，一本文科570分，理科554分；二本文科506分，理科471分，后来又降了6分；艺术资格线300分，体育资格线369分，都不是很高。明年取消各类竞赛加分，对我们也是一个好消息，这样考取高分的学生基本上在同一起跑线上。其次，同学们的基础在初中、高中历次考试中都得到了证明。现在同学们的学习积极性高，这也为今后高考增加了取胜的概率。因此，同学们应坚定信心，努力学习，最终取得高考的成功。

二、确立目标，分解实现

目标是精神引领，目标是努力方向，目标也是同学们学习的不竭动力。因此，每位同学都应确立切实可行的目标，注重学习的方式方法。同学们可以把目标确定为某所

具体的大学，目标具体了，学习的动力也就更足了。有了这个大学目标后，可以借鉴马拉松运动员跑步时把目标分解的办法。在国际马拉松比赛中，有许多名不见经传的运动员最终脱颖而出，取得优异成绩乃至获得冠军。诀窍就在于他们把终极目标分解成过程中的一个个标志性建筑。使自己始终保持高昂的斗志，一个目标一个目标地攻克，最终取得好成绩。同学们也要把高考目标分解成几个目标来实现，如每一次段考、期中考试、期末考试直到高考。这样一步一个目标，稳扎稳打，步步为营，心态平静，斗志旺盛地实现一个一个分目标，最终实现总目标。

三、夯实基础，全面提升

同学们该如何夯实基础？那就是在平时学习中做到全面、系统、扎实、灵活。全面，即把所学课本知识要点全部复习一遍，宽到边，深到底，不遗漏任何知识点。系统，经过复习构建起知识网络，哪个地方是重点、难点知识自己非常清楚。扎实，基础知识掌握牢靠，不浮躁。灵活，熟练运用基本规律，灵活解题。

只有做到了上面四点要求，我们才能夯实基础。根据我了解到的情况，结合现在高三正在进行的一轮复习，以下几个方面同样值得同学们注意。

1. 珍惜时间，主动学习

从开学到现在，我们高三年级的每位同学都热情高涨，自觉地投入学习，取得了好的效果。在学习上，谁把握住了时间，谁就赢得了主动权。如中秋节放假有近 200 名同学留校学习，大部分同学早回校学习，表现出高涨的学习积极性。同时，我们也看到竞争是非常激烈的，如潍坊及周边地区的一些学生在暑假中也在积极主动地学习。因此，我们应更充分地利用时间，积极主动地学习，为考取理想大学而惜时如金地学习。

2. 用好材料，夯实基础

俗话说“基础不牢，地动山摇”，学习上也是这样。同学们平时在学习中，更要重视基础知识的复习，熟练掌握，不能好高骛远。要用好课本、学案及参考辅导材料（一本为主要参考材料，另一本作为辅助参考）。通过必要的训练，熟练掌握基础知识。基础包括基本知识和基本技能，如数学运算、恒等变形等，这些能力必须在平日加强训练，到了考场上才能做到答题又快又准。

3. 立足平时，规范作答

规范答卷能力的提升，在于思想上重视和平日的训练。平时在做学案和答试卷时都要有规范意识，认真书写，按照教师要求的格式进行答卷。养成习惯后，大考时才不会在规范答卷上丢分。

4. 加强训练，提高速度

平日要重视限时训练，通过限时训练提高自己的做题速度。也就是说，平日做题就要锻炼自己的时间意识，通过限时训练，逐步提高答题速度。

5. 加大投入，促强补弱

我们每天及周末都安排了一定的机动时间。设置机动时间的目的，一是让同学们用来总结一天一周所学知识，二是让同学们补弱科。希望同学们能够利用好这些时间，加大投入，把自己的弱科提上去，争取把弱科消灭在一轮复习中。

6. 重视总结，提升高度

总结即反思，没有反思是不会进步的。同学们要养成善于总结、反思、纠错的好习惯。在做学案和考试过后，把错题纠正在典型习题积累本上。通过纠错，才可以不断提升自己的思维高度。

四、重视常规，提升能力

良好的生活习惯是学习上取得好成绩的保证。在学校生活中，严于律己就是良好生活习惯的体现。只有良好的生活环境才可以营造出好的学习氛围，而好的学习气氛需要班级每一位成员的参与维护。经过高中生活的锻炼，相信同学们都能养成良好的生活与学习习惯。简单的事情反复做好就是不简单，容易的事情反复做好就是不容易。无论是学习还是生活，都贵在坚持。只有坚持不懈地努力，我们才能一步步地提高自己的能力。

同学们，古今中外在事业上有成就的人为我们提供的一条基本的经验就是：千里之行，始于足下。成功是由一个个目标不断实现积累起来的。努力从今日始，就能一步一步登上高峰，欣赏壮丽的景色；努力从今日始，就能攀上树梢，品尝最甜美的果实；努力从今日始，你们就能踏入人生最辉煌的殿堂。信心来源实力，实力来自努力，希望同学们在今后的学习中，坚定信心，确立目标，学法得当，多讨论交流，并构建自己的知识体系，合理科学地安排时间，在接下来的学习中全力以赴，在以后的历次考试中不断进步，取得理想的成绩，用我们的热血青春书写属于我们的花样年华。

2013 年 10 月 21 日

高一新生如何做好初中、高中衔接

一、立志是学习动力的源泉

微生物学家、化学家巴斯德说过：立志、工作、成功是人类活动的三大要素。立志是走向成功的大门，工作是登堂入室的旅程，这旅程的尽头就有一个成功在等待，来庆贺你努力的结果。

作为一名高中学生，应该学会把握时代的脉搏，面向未来，立振兴祖国之志，立自我成才之志，还要逐步培养和树立专业方面的志向和理想。有了远大的志向抱负，就有了力争上游、奋斗成才的强大动力，才能刻苦学习，取得优异的成绩。

二、跨越好从初中到高中的学习台阶

初中、高中之间，在知识上有连续性。初中学过的知识，都是高中学习的知识基础。但是，跟初中比较起来，高中各学科在知识广度、内容深度上有明显的提高。因此，认识高中、初中在学习内容、学习方法等方面有什么不同，做好思想准备，并主动积极地创造条件，尽快适应各科学习，是非常必要的。

相对于初中的学习，高中的学习跨越了知识和能力两大台阶。高中的知识内容与知识结构与初中相比出现了两个飞跃：从具体到抽象，从特殊到一般，在知识的广度和深度上都大大提高。在能力方面，高中的学习对同学们提出了更高的要求，如抽象概括思维能力、逻辑推理思维能力、分析综合能力、自学能力等都要求有较大的发展和提高。

从初中阶段进入高中阶段，在学习上要跨越一个较高的台阶。为了顺利地跨越这一台阶，我们要有足够的思想准备，要以新的、不同于初中的学习方法，学好高中的课程。

三、寻找一套适合自己的学习方法

学习方法是多种多样的，每个同学都应根据自己的特点，逐步摸索出一套适合自己的学习方法。下面提出一些适合高中阶段的学习方法，供同学们参考。

1. 努力做到全面发展与培养个性相结合

中学生应该德、智、体、美、劳全面发展。就学科学习来说，也要全面发展。语文、英语作为语言文字的基本工具，数学作为运算的基本工具，首先必须学好；物理、化学、生物、计算机，作为现代科技的基础，也要努力学好；政治课的学习，能使我们确立正确的政治方向和科学的世界观、人生观；历史、地理知识以及音乐、美术等艺术科目，对于文化修养和思想境界的提高，以及培养对高雅艺术的欣赏鉴别能力，都是不可缺少的。

作为一名中学生，在全面发展的基础上，也要培养自己的个性特长。培养自己的个性特长，有两方面的含义。一方面是对自己准备选考的科目，既要培养对它的兴趣，又要努力把这个科目学好。另一方面是要有自己特别热爱的领域或技能，如电脑技术、书法、绘画、音乐、体育等，力争达到较高的水平。要摆脱千人一面的传统轨道，让自己的个性、创新精神和潜在才华得到发展。你有哪一项特长，你就在哪一项活动及其相关的竞赛或考试中大显身手，展示你的才华。

2. 学会读书

读书破万卷，下笔如有神。作为中学生，首先要读好课本，其次进行广泛的课外阅读。

（1）正确使用课本。课本，是教与学的根据。要学习好各个学科，必须重视并学会阅读课本。有些同学不知道应该怎样使用课本，往往只是在课后从书本中找出解题的公式，把习题做出来，就以为是读了课本了。这种学习方法，在高中是绝不可行的。在不同的学习环节中，都要阅读课本，但有不同的要求。上课前，最好先预习课本中将要讲授的内容，这一遍是略读，只要知道将要讲什么就可以了，有不明白之处记下来，之后在课堂上认真听讲。预习是为了使听课者心中有数，提高听课效率。课后第一件事不是做练习，而是阅读课文。课后复习是消化阶段，是自己深入理解、分析综合的积极思维过程。必须及时地、仔细地、逐字逐句地阅读课本，并在此基础上，动脑动手，积极消化。在学完一章之后，还应再阅读这一章里的所有课文，做一个总结，把全章内容整理成有纲有目的系统内容，有系统地掌握它。

（2）广泛的课外阅读。除了精读课本外，为了开阔自己的视野，培养自学能力，还应进行广泛的课外阅读，特别是科普书籍和报刊。对科普报刊上的文章，除了自己特别有兴趣的可以精读外，一般只要泛读就可以了。在泛读中可能遇到一些自己读不懂或读得不太懂的问题，这不要紧，从阅读中知道有这么一回事，也是有益处的。这种阅读的主要意义在于扩大你的知识面，活跃你的思维。

3. 认真做好实验

实验是物理、化学、生物等学科的基础和最重要的研究方法。在学习物理、化学、

生物等学科时，实验可以帮助我们理解和巩固有关知识。因此，必须学会做实验。那么在高中阶段，我们怎样做好科学实验呢？

（1）要认真学好历史上的著名实验。学习这些实验的实验方法、实验原理和实验装置，可以启发我们自己的思路。我们自己做实验时就可以借鉴，吸取其精华，并认识到对现象的认真观察和科学归纳的重要性。

（2）正确观察演示实验。课堂上的演示实验，是教师操作，引导学生正确观察，从实验中分析总结得出规律的实验。学生虽然没有机会动手，但在实验过程中，可以充分地看和听，还可以充分地思考。观察演示实验，首先要认真听清老师关于为什么要做这个实验和怎样安排实验的讲解，明确实验目的，知道要考虑哪些因素，排除什么干扰，用什么仪器，它们的作用如何，等等。在教师演示的过程中，要看清每个步骤的目的、操作过程、现象变化过程、怎样做可以获得成功、怎样将导致失败等。总之，看演示实验，要认真观察和思考，把注意力放在观察和思考实验目的、原理、装置、实验操作步骤和变化过程上，而不能单看实验结果，更不能只觉得好看、好玩就心满意足了。

（3）认真动手做好实验。教学中安排的学生实验，是极为宝贵的学习机会。百闻不如一见，更不如一做，要真正掌握实验技能，必须自己实践。怎样动手做好实验呢？要做到“六要六不要”：

一要预习，明确实验目的、原理、步骤，做到胸有全局。不要心中无数，实验中手忙脚乱，实验后对实验结果茫茫然。

二要理解仪器性能及使用注意事项，爱护仪器。不要随意玩弄，任意乱用。

三要仔细观察实验现象及变化过程中的细节，透过现象看本质。不要粗心大意看热闹。

四要操作规范，养成良好的实验素养，这是获得准确的实验结果和取得实验成功的保证。不要随心所欲、胡乱操作甚至损坏仪器。

五要既动手又动脑，不但在操作上下功夫，而且积极动脑深入思考为什么要这样做。不要光做不思考。

六要认真处理实验数据，分析实验结果，找出产生误差的原因，填好实验报告。不要潦草马虎，为了得到满意结果而拼凑数据。

4. 养成做练习的良好习惯和规范

做练习是高中学习中的重要环节，历来为同学们所重视，它对透彻理解和巩固所学知识，培养应用知识解决实际问题的能力，都起了很大的作用。要做好练习，必须有良好的习惯。如果只追求解题的数量，陷入题海中，必然收效甚微。

理解掌握基础知识，是正确完成练习的前提条件。基本概念、规律是解题的依据。不会解题或解题错误，常常是因为没有理解基本概念和规律的缘故。

那么，做练习的正确方法和良好习惯应是怎样的呢？

（1）认真审阅题目。例如在解物理题时，应认真分析研究对象和物理过程。要仔细阅读题目中每一句，每一个概念，每一个数字，每一个单位，使自己清楚题意。然后确定研究对象是哪个物体或哪个系统，这些对象经历什么过程，从而确定解题的目标和依据。

（2）画草图是帮助我们分析题目，使题目形象化、具体化的途径。

（3）把已知条件和未知量一一列出。练习题中的已知条件，有的是直接给出为已知数，有的不是直接给出，而是间接给出，隐含在一些给出的数值或信息中，要通过分析，根据一些相互关系，才能求出来。

（4）根据题意分析，找出各物理量之间的变化关系、确定解题的物理公式。要特别注意某些习题中的近似条件或发生转折的临界状态。还要注意有些物理习题，由于思考的角度和思路不同，选择的研究对象不同，运用的物理公式和数学方法不同，可有几种不同的解法。做习题时，进行一题多解的练习是很有必要的。通过对各种解法加以分析比较，不仅能使知识融会贯通，还能选出最简洁、最巧妙的解法。

（5）在运算中，必须统一单位制。

（6）解物理习题，不能一解出结果就认为达到目的了，还要研究这些结果是否合理，是否已经齐全，是否有取值范围，等等。必须确认答案已经全面合理，正确无误，解题才算结束。

（7）做练习时，要注意培养认真严谨的学风，做到表达规范。

（8）练习、测验经老师批改发回后，不能只看分数，要认真研究老师批改中指出的问题，检查发现自己在理解和运用知识方面的漏洞和错误，及时补上和改正。应建立一个错题记录本，仔细分析原因，找出相应的薄弱知识点加以强化，这样才有可能避免犯同样的错误。

5. 掌握记忆的方法

学习中，有大量的知识都要求我们记忆，以便随时可以拿出来加以应用。怎样才能迅速、完整、准确地记住它们呢？

理解是记忆的基础。进入高中阶段，更要强调在加深理解的基础上记忆，在理解和记忆结合上有更高的要求。

理科的概念和规律有些似乎简单，有些则很抽象、复杂，无论如何，在学习时都应加以分析，弄清来龙去脉，突出要素，抓住关键。这样就能加深印象，可以在理解的同时记下来，并在分析和解决问题时灵活运用。

在研究某些问题时，概念、规律往往成组出现。在学习时除了弄清它们的来龙去脉，还应纵横比较，弄清如何得来，如何应用，如何从一些公式推出另一些公式，还应将它们与有关的类似公式从形式上、内容上、特征上加以比较鉴别。可以进行列表类比、知识归类，掌握知识的内在联系和相互区别。这样，对较为复杂的内容，也能理出体系和线索，并能清晰地记忆和运用它们。

反复检查，反复应用，是巩固记忆的必要步骤。每节课后的复习、单元复习、解题应用、实验操作、学期学年复习，都应有计划做好安排，才能不断巩固自己的记忆。

四、把学知识和学方法结合起来，提高能力

学习中，不仅要掌握各科的基础知识，还要与科学的研究方法结合起来，培养有效地从事学习、工作和探索未知事物的能力。有了这些能力，就可以学得快而好，长大后就有更强的独立工作能力和发明创造能力。

在解题时，不能只会解就算了，而是要提高到掌握解题的基本方法的高度。

在高中阶段，要培养的能力是多方面的。我下面主要谈谈观察能力、思维能力、实践动手能力以及创新精神和创造能力的培养问题。

1. 观察能力

一个有较强的观察能力的学生，在观察实验时和自己做实验时，就能抓住过程和现象的特征，能够敏锐地发现一些原来设想不到的或有细微差别的现象，也能从日常生活中获得很多的知识。

那么，怎样培养自己的观察能力呢？

观察时必须目的明确、专心致志，抓住观察现象的特征。对实验的每一步骤，都要明确主要是探索或验证什么，把观察的注意力集中到这点上。观察还必须精细，留心有什么新的现象发生，而不是浮光掠影、视而不见。

我们还要敏于观察，对一些现象还要反复观察。在观察过程中积极思考，在实践中就能不断提高自己的观察能力。

2. 思维能力

思维能力是各种能力的核心。思维包括分析、综合、概括、抽象、推理、想象等过程。应通过概念的形成、规律的得出、模型的建立、知识的应用等培养思维能力。因此，在学习过程中，不但要学到知识，还要学到科学的思维方法，提高思维能力。

要提高思维能力，就要经常用比较法进行学习。首先，在学习新概念时，不但听老师讲解，还要自己进行比较，找出相似的例子，加深认识。其次，学到意义相近的概念、规律时加以比较，从多角度、多方面分析其区别与联系。经常用比较法进行学习，可以学会全面分析问题，从多种事物发现它们的联系、区别和各自特征，提高思维的广阔性和深刻性。

3. 实践动手能力

学习中既要善于动脑，又要善于动手。实际操作能力主要指能够做出东西来，并且养成一系列有关智力的意志品质(如事前设计好操作步骤，能正确使用仪器和工具，注意准确和精密，及早纠正偏差或迅速改用更合理的方案， 等等)。课堂上做好分组实验和随堂小实验，在课外积极参加各种创意实验设计和科技发明创造活动，都能提高自己的实践动手能力。在课堂、课外的实验和各项设计、制作活动中，都要努力和现代信息技术的应用结合起来，培养收集、处理和利用信息的能力。

4. 创新精神和创造能力

培养自己的创造才能，首先要学会发现问题，敢于提出问题。爱因斯坦说过：发现问题往往比解决问题更重要。要敢于对已有的结论提出疑问，敢于抒发自己的不同意见，敢于通过自己的探索去“发现”知识。通过课内老师指引下的研究性学习，以及课外自定题目、独立进行的研究性探索，体验知识的发现过程，学会学习，学会思考，学会求异，学会创新。要知道，科学的发展离不开创造，要想将来在科学上有所建树，是离不开创造性思维的。今日具有创新性的学习精神，他日就能在国家的社会主义建设中，抢占科技发展高级领域中的“制高点”，进而控制一大片的开阔地带，成为攀登科技高峰的优秀人才。

懂感恩、守纪律、重方法、创佳绩
——高一年级级会发言记录

同学们，下午好!

高一年级开学已经13周了，在这90多天的高中生活里，同学们接受了军训的锻炼、秋季运动会的洗礼和期中考试的检验，已经基本上适应了高中生活，可以说每个同学都在进步着。为了同学们下一阶段更好地生活和学习，下面我与同学们交流两个方面的问题：做人和做事。

北京师范大学周之良教授说：人生有两件事，第一是学做人，第二是学做事。我认为学会做人更为重要，如果你不会做人，只会做事，即使你掌握了若干知识和技能，也未必能把事做好。

下面我与同学们交流第一个问题：如何做人？做一个怎样的人？我举三个实例，相信同学们会受到启发。

第一个实例，大连的一位公交车司机在开车途中突发心脏病，在生病垂危之际，他忍住疼痛做了三件事：第一，把车缓缓行驶到路边，拉上了手动刹车闸；第二，打开车门，让乘客安全下车；第三，关闭发动机，确保了车和乘客的人身安全。所有人都记住了他的名字：黄志全。

第二个实例，张丽莉是任教于佳木斯市第十九中学的一名普通教师。2012年5月8日20时38分，在佳木斯市胜利路北侧第四中学门前，一辆客车在等待师生上车时，因驾驶员误碰操纵杆致使车辆失控撞向学生，本可以躲开逃生的张丽莉奋不顾身地将学生推向一旁。张丽莉用柔弱的身躯谱写了一曲英勇奉献的大爱之歌，被评为全国最美教师。

第三个实例，某天深夜，一位老太太因食物中毒，送到一社区医院救治。值班医生在休息，对病人家属推诿说到其他医院去看病吧，恰好被该院院长抓个正着，这名医生被院长炒了鱿鱼。

看了上面三个事例，我想同学们可能都敬佩普通的公交车司机和教师的为人，而鄙视最后一个人。为什么呢？因为前两个人有责任心、有爱心，而后面这位医生极端自私，只想着自己，缺乏起码的职业责任感。因此，我希望同学们做有爱心、有责任心的中学生。爱自己，并对自己负责；爱父母，并对父母负责；爱老师，并对老师负责；爱学校，并对学校负责。也正是如此，才能升华到对祖国和人民的热爱，才会有为中华之崛起而读书的责任感，践行富强、民主、文明、和谐、自由、平等、公正、法治、爱国、敬业、诚信、友善的社会主义核心价值观。

每个同学都要问一下自己：我有责任心和爱心吗？我能否做到对自己的前途，对自己做的每一件事负责？能否对生我养我的父母时刻存有感恩之心，通过自己的不断进步报答父母？我能否理解并认同老师苦口婆心的教育，甚至严厉的批评与严格的管理？当同学需要我的时候，我能不能伸出热情之手给人温暖？

其实，爱心与责任感就在平时你们所做的一些小事中。你为同学讲解难题，回家后不是忙于上网而是与父母谈心，见面问一声老师好，帮老师拿讲义、端水杯，拾到物品及时上交级部，不乱拿、乱动别人的东西，这都是有爱心和责任感的体现。

学习是学生的天职，怎样才能学习进步呢？下面我与同学们交流第二个问题：如何做事。

对于我们来说，最主要的就是如何搞好学习。作为一名中学生，我认为要取得优异的成绩，就要培养两个习惯，即良好的生活习惯和学习习惯。好习惯是一个人储存在神经系统的资本，养成一种好的习惯，一辈子都花不完它的利息；养成一种坏的习惯，一辈子都还不清它的债务。良好的生活习惯就是要把班级常规管理的各个方面落实好，这是学习进步的基础。只有把常规管理的各个环节落实好了，你的精力才能充沛，才能高效学习，取得好的成绩。从期中考试的情况来看，常规管理搞得好的班级，期中考试成绩也非常理想。从前面的常规管理来看，整体上各个班级表现都不错，所以，每位同学都要加强自律。这里有几个环节我再强调一下。

1. 仪容仪表及文明礼仪

同学们最起码在校期间穿校服、戴胸卡，不要出现怪异发型，这是最基本的。另外，现在各个班级都提倡见面问老师好，包括来校学习的教师。这段时间落实比较好，后面再进一步注意。你问一句老师好，一方面显示自己有礼貌，另一方面会让来校学习的教师或家长，心里感到温馨。

2. 上操速度

不管是升旗仪式，还是平日上操，一定注意上操要做到快、静、齐。跑步过程中，紧凑不拖拉，要跟上节奏。表现出班级良好的精神风貌来。同学们可能看到高年级跑操的情况，觉得震撼。那么，我们这一级将来的水平，要达到甚至超过上一级。

怎么超过？就是在平时，严格训练，增强意识，使训练达到一个比较好的状态。凡事提前一步，争取主动，不要被动、被淘汰。集合时要保持安静，跑步过程中要注意整齐。

3. 两睡

从现在情况看，入睡快了，早起的情况也比较少。今后这些细节要再注意一些，两睡铃响立即安静，两睡做到不说话、不看书报，无特殊情况不上厕所，不要提前上床。休息好了，对你的学习效率和成绩提高都有很大帮助，同学们一定要注意两睡细节。

4. 卫生

宿舍卫生进一步保持好，甚至做到零扣分，宿舍垃圾及时倾倒；卫生区按时到，尽快打扫，不要耽误自习时间。教室内，桌面卫生更要搞好，桌面上不要放置太多书籍。

5. 自习纪律

做到入室即入静，推门不抬头。任何时候不要迟到，课间不要吵闹喧哗，为下一节课早作准备。

6. 平板的规范使用及不带手机到校

平板充电时，注意安全，各班要作好检查。

7. 校园纪律方面

不要带外卖，文明就餐，排队打饭及用餐后餐盘放回回收处。另外，对个别参与打架斗殴的同学，学校绝不姑息迁就，按照从严治校十项规定严肃处理。

养成良好的学习习惯非常重要。有的同学养成了好的学习习惯，所以成绩非常好；有的同学习惯不好，虽然智商高，但是成绩却提不上去。

在学习上要注意以下六种习惯的培养。

1. 制定目标

每个同学根据自己段考和期中考试成绩，制定下一阶段的学习目标。目标制定要适当，要符合自己实际的学习情况，做到心中有数。

2. 制订计划

凡事预则立不预则废。每个同学都要制订严密计划，每天落实一个小计划，实现人生大规划。个别同学没有养成这种习惯，以后要落实好。

3. 珍惜时间，积极主动地学习

特别是对闲暇时间的利用。周末还在努力学习的同学，都是我们学习的好榜样。学习有方法，但是勤奋刻苦，珍惜每一分、每一秒的时间，是最关键的。人与人的智商差不了很多，关键就在于对时间的利用上。

4. 认真听课，积极参与课堂讨论

我们实行翻转课堂模式，充分体现自主学习。效率高不高，取决于你的态度、你的意识、你的行动是不是积极主动。所以，同学们上课一定要积极主动，该自学的自主学习，该讨论的讨论，该总结思考的总结思考，把学习搞上去，这是非常重要的。

5. 注重规范训练

从平时考试中发现问题。如：答卷是不是规范，运算能力好不好，是不是由于粗心丢了不少分。这些细节在平日就训练好。举一个简单的例子：你平时练字的时候写得比较好，写得也比较满意，但是到了考试时候，为什么又差了？关键是平日的训练没有做好。所以，同学们平时一定要抓好课堂训练。算术、书写、细心、灵活等方面，要注重在平日搞好训练，落实好。

6. 注重总结思考

期中考试以后，根据期中答卷情况，整体或每科情况，在学法总结本和典型习题积累本上做好总结，通过总结思考得到提升。期中考试也好，段考也好，这些都是过程。一学期的过程总结就在期末上，我们高中三年下来总结落在高考上。所以平日考试，你要真正总结到位，不会的补上，粗心的平时训练时做对，都要总结思考，最后得到比较大的提升。同学们要利用好学法总结本和典型习题积累本，学法总结本上一周有一个比较大的总结就行；典型习题积累方面，平日的学案错误或考试问题比较多的地方，你要注意总结思考。没有总结思考就没有提高，所以我们平日一定要注意总结，这是非常关键的。

此外，同学们平日里要多阅读。每个班级都有读书角，书籍丰富，有关如何做人、如何学习方面的图书都有很多，所以同学们平日里一定要注意有计划地多读书。当然也包括英语方面的阅读，这一方面一定要高度重视，大量阅读对我们的综合素质和成绩的提升，以及将来考取名牌大学都是有帮助的。

成绩稍微差点的同学，我建议你，把课本学案落实好。每一位同学都要对自己有符合实际的估计，才能做到心中有数，不好高骛远。

希望同学们在平时的生活和学习中，做到有爱心、有责任心，懂得感恩，在学习上不断取得进步，健康地成长，愉快地学习。祝同学们在以后的每一次考试中，都能取得优异成绩。

2013 年 10 月 21 日

选课走班模式的影响因素

从 2017 年开始的山东新课改、新高考、新评价体系，在其发展过程中，不断优化，逐步完善，形成了科学高效的多种模式。现在我就不同走班模式的影响，作简单陈述。

一、选课走班的优势

1. 学生选择

新模式下的选课走班，打破了以往只能选择物理、化学、生物、政治、历史、地理的局限性。学生自主选择程度越大，学生对所选学科的兴趣越强，学习动力越大，学习能力越强，越容易取得优异成绩。

2. 学生走班

学生走班范围越大，行政班跨度越大，师生熟悉程度越小，走班转换教室所需时间越多，教学管理成本越大；不同走班模式，对校舍、师资需求不同，对一些师资薄弱、校舍紧缺的学校是个挑战。

3. 学生管理

实施选课走班，流动性增大，管理难度增大，传统的班主任单一管理模式很难适应，学校的教学管理制度、学生管理方式都要随之发生变化，以适应选课走班，适应程度越好，选课走班效益越高。

4. 师生评价

实施选课走班，行政班与教学班并存，传统的平行分班，以学生学习终结成绩评价班级、教师、学生的方式将受到挑战，打破以往的纯行政班级的影响。

选课是目的，实现选择性；走班是形式，落实选择性；管理是手段，保障选择性；评价是促进，提升选择性。

二、常见走班方式比较

1. 不走班：少选不走

从 20 种组合里固定几种组合，要求学生只能从这些组合中选择，按照组合固定分班，不走班。

2. 小走班：多选少走

允许学生自主选择，先将选择人数多的组合固定班级，再在选择人数少的组合内实施一定限制的走班，往往会定二走一或定一走二。

3. 大走班：多选全走

鼓励学生自主选择，尽可能地满足学生需求，根据各班级、各学科选择人数，适度调整班级序号，划分单元。一般情况下，4个或6个班为一个单元，单元内6科全部走班。

4. 全走班：多选多走

在大走班基础上，语文、数学、英语再进行分层走班。

三、常见走班优缺点比较

1. 不走班

不走班的优势：形式传统，便于管理，学生和教师相对固定，各项规定都能很好地传承落实。

不走班的不足之处：限制了学生发展，不符合新课改形势下学生自主发展。

2. 小走班模式

小走班模式是指部分学生或科目走班，即在尽可能满足学生选择的基础上，根据“能少走则少走”的原则，依据学生的选课结果，优先将三科选择相同的学生组成行政班，其次将两科相同的学生组成行政班，其他学科走班。

小走班模式的优势：能够满足学生的选择，落实选择性，有利于学生成长；由于部分班级完全不走班，部分班级只有一科走班，可避免因走班过多带来的管理难度，减少管理成本；教学班与行政班比较班数变化不大，教师和教室缺口也不是很大。

小走班模式的不足之处：高一成立的行政班需要重新组合，班级文化需要重新建构，师生需要重新熟悉；由于不同组合之间生源基础不同，根据组合固定行政班级后，班级之间形成多个层级，甚至出现学困生班、纯性别班，不利于学生成长；增加了教师安排、课程表编排、师生评价、集体备课、学科资源建设等方面的难度；基于组合安排班级，受部分学生更换学科影响大。

3. 大走班模式

大走班模式是指语文、数学、外语三门高考科目可以保持原行政班不变，其他

三门选考科目均通过走班完成教学。

大走班模式的优势：完全满足学生选择需求，落实选择性，有利于学生成长；行政班基本不变，班级之间无层级差别，班级文化无须重构，有利于学生成长；基于学科安排走班，不会出现学困生班级、纯性别班级，部分学生更换学科基本无影响；教学班和行政班数量变化不大，教师工作量变化不大，校舍和师资需求少；教学班任课教师与原行政班任课教师变化小，师生熟悉程度高，便于教学管理和课后辅导；行政班不变，教学班生源均衡，便于教师安排、课程表编排、师生评价、集体备课、学科资源建设。

大走班模式的不足之处：所有学生都要走班，学生管理成本增加，需要改变原有的管理理念、管理策略。

4. 全走班模式

全走班模式是指在大走班基础上，进一步实施语文、数学、外语分层走班。

全走班模式的优势：满足高考改革所必需的“6 选 3”科目分类走班；满足语文、数学、外语分层走班，给学生提供最大自由度的选择权。

全走班模式的不足之处：教学管理难度明显增大，对学科教师的教学质量较难评价，等等。

总而言之，无论哪种走班形式都有其利弊，学校要立足自己的实际情况来选择。无论哪种形式，都是以学生发展为出发点，需要通盘考虑，不断创新，进而达到好的育人效果。

心中有爱，勤于学习，方法得当，勇创佳绩

——高二年级级会发言记录

同学们，下午好!

高二开学已经13周了，在这90多天的时间里，同学们接受了秋季运动会的洗礼和期中考试的检验，已经适应了高二的生活，可以说每一个同学都在不断提高，不断进步。为了同学们下一阶段更好地生活和学习，下面我与同学们交流三个方面的内容——爱、勤、法，即爱心、勤奋、方法。

一、爱

在我们的学习、生活、交往中，爱无处不在，爱祖国、爱学校、爱父母、爱老师、爱同学、爱学习。可以说，爱构成了我们的生活。有爱的生活是幸福的，在我们关爱他人的同时也会得到别人的爱。因此，我们要献出我们的爱，在生活中做到爱祖国、爱学校、爱父母、爱老师、爱同学、爱学习，使世界更加美好。

1. 爱祖国

从南宋诗人陆游写的“位卑未敢忘忧国”诗句，到钱学森抛弃国外的优厚待遇回到祖国，为发展我国的国防事业，付出了毕生的心血。无数仁人志士给同学们做出了榜样，相信同学们一定会做爱祖国的好学生。实际上，国富才能民强，国家强大了人民才有尊严可言。如今，载人宇宙飞船的运行、探月工程的发射、蛟龙号的入海深潜、航空母舰的出海运行等，使我们每一个中国人都为之骄傲、为之自豪。同学们更应该热爱我们的祖国，以实际行动报效祖国，使我们的国家更加强大。

2. 爱学校

学校为我们提供了良好的生活和学习环境，使我们健康成长，使我们学习知识、收获成功。同学们应该爱惜学校的一砖一瓦、一草一木、一桌一椅，把学校当作自己的家一样爱护。任何时候都请同学们记住自己的母校。

3. 爱父母

百善孝为先。孝是中华民族做人的根本，孝敬父母、关爱亲人，这是我们做儿女

的本分。

在这里我列举一个实例，相信会对同学们有所启发。昌乐营丘的王裒院村就是以孝子王裒命名的。王裒的母亲生来害怕打雷，母亲去世后，每逢打雷，王裒就到母亲墓前扶树痛哭，并大声说：“母亲不要害怕，裒儿在此！”久而久之，树为之枯。我们做儿女的平时在校给父母打个电话，回家时给父母端碗饭、洗洗衣服、陪父母说说话，这些都是对父母爱的表现。

4. 爱老师

在学校里，老师与同学们朝夕相处，既教同学们知识，又教同学们如何做人，同学们应感恩老师、尊敬老师、爱戴老师。一日为师，终身为父。同学们应该像尊敬自己的父母一样尊敬自己的老师。

5. 爱同学

在学校里，同学们在一起生活、学习，同学们要珍惜这段缘分。同学之间的友谊是最纯洁、最珍贵的。有困难时同学们应该互相帮助、互相鼓励，共同提高。

6. 爱学习

学习是人的天性，也是同学们的天职。同学们都应该爱学习，充分挖掘自己的潜能，发挥聪明才智。有时我想，同学们如果把学习当成像打球、唱歌一样的兴趣来对待，我相信每个同学一定会取得更加理想的成绩。快乐生活的秘诀不是干自己喜欢的事情，而是喜欢干现在正在干的事情。

二、勤

谈到“勤”同学们可能立即就会想到“一勤天下无难事”“勤能补拙是良训，一分辛苦一分才”这样的名言警句。确实是这样，任何人的成功都离不开勤奋。前一段时间，我到北京十一学校学习，发现那里的学生是非常勤奋、刻苦的，晚上10:30才从教室回宿舍睡觉，早上和我们的时间基本一致。科学家爱因斯坦曾经说过：人与人之间的差异很大程度上取决于闲暇时间的利用。希望同学们珍惜时间，努力学习，使自己的成绩逐步提高，成为同龄人中的佼佼者，开创自己灿烂辉煌的美好未来。当然，有了勤奋做基础，好的学习方法对于成绩的提高也是很重要的。下面我将与同学们交流第三个字——法。

三、法

为了使同学们能够更有效地学习，我与同学们交流以下四个方面的内容。

1. 远大理想与近期目标相结合

每个同学从小都有自己的理想，将来成为科学家、文学家、工程师、教师、医生、军人等，这些理想可以时时激励你，增添你的学习动力，使你克服困难，不断提高和进步。如果像马拉松运动员那样，结合实际设定一些小目标，逐步实现，则最终一定会实现个人的远大理想。

2. 严于律己，常规管理不出问题

只有严格遵守年级和班级的各项常规要求，才能使自己专心致志地学习，不浪费时间和精力。有关常规我强调以下六个方面。

（1）校服、胸卡、仪容仪表。校服和胸卡是学校规定的标志，穿戴整齐的校服和佩戴胸卡有助于维护学校秩序和纪律。同时，良好的仪容仪表也是社交礼仪的一部分，能够展现学生的形象和素质。

（2）打饭不插队、不捎饭。在就餐时要遵守秩序，不插队是对他人权益的尊重，也有助于维护学校的正常秩序。不捎饭则是遵循公平原则，避免特权和不公现象的发生。

（3）不吸烟、不喝酒。禁止吸烟和饮酒是学校对学生的健康教育和法规要求。吸烟和饮酒对身体健康有害，尤其对青少年的影响更大，遵守这一纪律有助于同学们塑造良好的生活习惯和健康成长。

（4）适当上网。限制上网是为了保证学生专注于学习和培养良好的学习习惯。学生过度使用互联网可能会导致沉迷和影响学业，因此学校对上网进行管理是为了学生的学习和健康发展考虑。

（5）不打架。禁止打架是为了维护学校的安全和秩序。打架行为不仅伤害他人，也有可能导致纪律混乱和学习氛围恶化。遵守这一纪律有助于培养学生的自控和冲突解决能力。

（6）不允许不文明交往。不要不文明交往是学校纪律中的重要一环。不文明交往可能会对学生的身心健康和学业造成负面影响，因此学校强调不允许学生不文明交往是有其合理性的。从心理健康角度来看，青少年的心智和情感发展尚未成熟，过早涉足感情关系可能会给他们带来过大的心理压力和困扰，影响学习和身心健康。

此外，不文明交往可能会导致学生在行为上过早追求成人的行为模式，从而影响他们的学业表现和日常行为举止。

学校强调不允许不文明交往也是出于对学生的关爱和保护。年轻的学生更需要专注于学业和个人成长，学校的制度旨在为学生创造一个良好的学习环境。

最后，学校对不文明交往的禁止也是符合社会伦理和道德规范的。青少年阶段的恋爱关系容易受到外界干扰，一旦发生问题可能会对学生的前途和未来造成不可挽回的损害。

总的来说，学校强调不允许不文明交往是出于对学生全面健康成长的考虑，以及对学校良好秩序的维护。

3. 用好各种材料

材料包括课本、学案和非常学案。同学们一定要认真看课本，通过看课本做好学案的自主学习部分，绝对不能抄学案，抄袭答案还不如不做。课堂上，把问题探究明白，尤其是本节课的重点、难点内容，并完成当堂检测部分。晚自习时先把学案巩固消化，完成课后拓展部分后可以做下一节课的自主学习学案。非常学案作为课本及学案的辅助，学有余力的同学可以全部完成。

4. 重视模块检测后的总结思考工作，真正发挥好模块检测作用

不管是各科自主检测还是大型考试，同学们考后都要认真分析错题原因，找出知识上的漏洞和答题过程中的失误，及时在典题积累本上和错题集上更正，防止以后再犯类似错误。

以上我与同学们交流了三个方面的内容，即爱心、勤奋、方法。希望同学们做有爱心、勤于学习、努力学习、注重方法的好学生。祝同学们在以后的学习中不断提高、不断进步，取得优异成绩。

谢谢同学们!

2015 年 11 月 24 日

高三年级主任给同学们的一封信

亲爱的同学们：

首先祝你们心情愉快，学习进步！

在紧张备考的时候，我想起了浙江大学迎新生横幅上的标语：“做一个丰盈的男子，不虚化，不浮躁。以先锋之姿去奋斗拼搏！做一个明媚的女子，不倾国，不倾城。以优雅姿态去摸爬滚打！”是的，人生天地间，不论男女，都要静下心来，厘清自己前进的方向，去拼搏、去奋斗，创造自己灿烂辉煌的人生。爱拼才会赢，人生能有几回搏，此时不搏何时搏。现在正是你们积蓄力量的最好时候，机不可失，时不再来，苦点累点，一笑而过，坚持就是胜利。得意时，不骄傲；失意时，不气馁。没有比人更高的山，没有比脚更长的路，坚持到底、永不放弃，不到最后，一切皆有可能！

多一分坚持就多了一分勇气，多一分坚持就多了一分希望。当你在痛苦中徘徊、犹豫时，请相信，你的对手也面临同样的挑战，谁能坚持到底，谁便是最后的胜者，谁不放弃希望，谁就能笑到最后。不论你之前的考试成绩有多不如意，都不要灰心、都不要泄气，要相信在最后一个月冲刺的过程中，在高考的战场上，会发生意想不到的奇迹。高考，不仅要相信实力，还要相信运气。在历年高考中，都曾出现过奇迹，平时成绩平平的同学，在高考时取得了令教师和家长甚至是自己都不敢相信的成绩！我相信你们会调整好身心，充实学习每一天、每一节，在三轮复习中进一步提高自己的实力。

三轮复习的特点是“模拟、强化、回扣、调节”。模拟即模拟高考气氛，模拟高考题型题路；强化即通过高强度的训练，使自己答题的速度更加快捷，答卷更加规范工整，思路更加灵活创新；回扣即回扣课本、回扣试题、回扣题型题路使自己做到心中有数；调节即把自己的身心调整到最佳状态，做到心态平静，斗志旺盛，从而能攻克一道道难关。从你们现在的情况来看，二轮已经做了一定量的题目，三轮复习只不过强度稍大一些而已，最重要的是要跟上拉练节奏，每做一套题都要有收获！搞好纠错总结，通过训练把知识理解、消化好，补上知识漏洞和缺口，每科提高十分以上是很正常的。关键是你要心中有数，精心梳理，错了的题目改好，并通过同类型题目加以训练巩固，直到熟练做出同类题型为止，这也是最重要的。你在做往年高考题时也要注意那些模糊点，直到弄清楚、想明白。

亲爱的同学们，在你们正忙于高考复习的时候，我想起了“有志者事竟成，破釜沉舟，百二秦关终属楚；苦心人天不负，卧薪尝胆，三千越甲可吞吴”这句古话。十多年的求学生涯，让你们积累了丰富的知识和临场经验，如今面对高考，只要沉下身子，静下心来，认真钻研，勇往直前，不给自己留退路，就一定会取得成功，做笑到最后的强者。

在这关键时刻，调整好自己的心态最重要。下面我与你们分享三个故事，或许会对你们有所启发。

第一个故事：祖孙二人挑着一担瓷货往前走，孙子不小心打碎了一件瓷货，面对地下的碎片，孙子懊恼不已，心情很不好。爷爷说：破了就破了，以后注意就好，不要为无法挽回的事而后悔，这样毫无价值。孙子听了，又与爷爷一如既往地向前赶路。人生亦如此，过去的就让它过去，不要为无法挽回的事情浪费精力，而应着眼未来，努力向前走。

第二个故事：今天早上，我穿着很久以前的一双胶底鞋到了学校，鞋带上有个结，已经很长时间了，确实不好解开，但当我耐下心来，找到关键点，一会儿就解开了。由此，我想到，很多时候看似困难的事情是因为我们的心态不当而造成的，当我们以积极的态度，努力想办法解决的时候，看似难办的事情也就变得非常简单了。困难就是纸老虎，并不可怕，可怕的是我们面对困难时被吓倒，止步不前。电视剧《士兵突击》中的许三多就是抱着“不抛弃，不放弃”的态度，最终取得了成功。我始终认为学习是愉快的、高兴的、简单的。只要信念坚定，你们就一定会成功。

第三个故事：两个人获得了酿酒之法。选端阳那天饱满起来的米，冰雪初融时高山流泉的水，调和后注入深幽无人处千年紫砂铸成的陶瓮，用初夏第一张看见朝阳的荷叶覆紧，密闭七七四十九天，直到鸡叫三遍后方可启封。其中一人等到四十九天鸡叫第二遍时再也忍不住了，打开了陶瓮，发现里面只有一汪水，像醋一样酸。而另外一个人坚持到第三遍鸡叫，得到的是甘甜清冽的酒，只是多等了一刻钟而已。成功者与失败者的区别，往往不是机遇或者智慧，而是多坚持了一刻钟。作为备考的学子，你们要学会抵御外界诱惑，将学习进行到底，不到最后时刻决不放弃。其实，胜利往往是藏在再坚持一下的努力中。正如拿破仑所说：胜败就在最后五分钟。

同学们，我相信你们会正确面对过去的事情，克服困难，坚持努力，最终拿到自己理想大学录取通知书的。当前，你们在调整好心态的同时，要注意做到模拟高考题型题路，规范作答，强化基础知识，构建知识体系，回扣答题模式，让自己达到最佳状态。

亲爱的同学们，箭在弦上，蓄势待发。这时最重要的是放下包袱，开动大脑，静心研究，沉稳灵活。我相信你们在关键时候一定会调整好自己，像春日之苗，日有所增。做好每一道题，总结好每一套题，梳理好每一个知识点，在高考中发挥自己的聪明才智，创造优异的成绩，为自己交出一份满意的答卷。

中国梦，我的梦。每个梦的实现都必须付出汗水，付出常人所想不到的努力，在梦想成真的刹那，有着无法形容的喜悦和激动的心情。每个梦的支撑点都是心中那个百磨不灭的信念，不管遇到怎样的困境，那个信念都会支撑着造梦者去坚持，去奋斗，去拼搏。有梦就有动力，就有斗志，向上吧，少年！

过去的几个月里，为了我们共同的理想，高三年级的所有教师和同学，已经付出了巨大的努力。我们欣慰地看到，高三年级是纪律最好的年级；高三同学是最懂事、最勤奋的同学；高三的教师，是最辛苦、最敬业的老师；高三的三次诊断性考试成绩，每一次都有显著的进步。泰戈尔说过：只有经历地狱般的磨炼，才能练出创造天堂的力量；只有流过血的手指，才能弹出世间的绝唱。我们已经创造了奇迹，在最后一个月的冲刺阶段，我们还将创造更多的奇迹。在六月的高考战场上，我们一定会收获最大的成功和喜悦。

衷心地祝福你们：身心健康，事事如意，金榜题名！

刘相国
2014 年 5 月 7 日

高三学科组长和班主任会发言记录

利用今天晚上的时间，与各位学科组长和班主任交流一下。现在距离高考还有56天，但是备考的关键时间只有40天左右，最后的十几天就是调整好状态准备考试了。所以在最关键的这40天里需要各位老师用情、用心、用力地做好各项工作。

首先要用情，复习生都不容易，压力很大，在座的老师基本都是带过高三复习班的，都深有体会，对待特殊学生要做到锲而不舍、金石可镂；其次要用心，学科组长和班主任不管是对学生还是学科教学都要用心，用心做好教育后会收获满满；最后要用力，做好对学生的陪伴教育。马斯洛需求层次理论认为人的需求分为五个层次：生理需求，安全需求，归属和爱的需求，尊重需求，自我实现需求。当我们用情、用心、用力地工作后会达到自我实现的需求。

下面，我强调三个方面的内容。

一、坐得住

只有坐得住，才能静下心来搞好教学、搞好研究。

二、行得稳

各位老师只要研究到位、方向吃透、个人备课写好、学案批阅好，学情掌握好，课堂上讲练结合，充分利用前、后黑板，拓展变化都做好了，才能行得稳。坐得住是行得稳的前提，坐得住才能行得稳。

学科组长要把好舵，班主任要体现出作业组核心作用，全面组织好任课教师搞好各项工作。要进一步落实包教包培。针对边缘生、目标生落实好，大家要齐心协力，形成合力，达到好效果。大家要严格要求，包括我在内的五位领导要全部靠上，晚上查宿舍到11:30左右，保证管理细致。

三、考得好

坐得住、行得稳以后，就会“考得好”。前提是要坐得住、行得稳，要落实好六个下功夫：集体备课下功夫、个人备课下功夫、学案批阅下功夫、讲练结合下功夫、思维提升下功夫、学生谈话下功夫。落实好课堂上的六个方面：精神饱满、激情飞扬，出示目标、步步落实，讲练结合、夯实基础，拓展变化、提升能力，小组合作、全员参与，总结反思、当堂消化。落实好六个好题：选好题，做好题，批好题，讲好题，改好题，过好题。

付出终有回报，目前我们学校获得了很多荣誉称号。例如：我校 2020 年获得“昌乐县突出贡献奖”；近期田老师获选了“五一劳动模范”；近期李老师获得了县级优秀共青团干部的称号。

取得优异成绩后，各种荣誉称号就会接踵而至。当然最重要的是高考关系到学生的一生，在学生最关键的时候我们一定要拉学生一把。付出是硬道理，有付出才有收获。希望大家以今天的会议为起点，组长要带好头，更深入、更细致地做好各项工作，搞好陪伴教育，争创优异成绩，建功立业！

2021 年 4 月 12 日

坚定信心，锚定目标，真抓实干，未来可期

——高三班主任会发言记录

开学以来，师生状态非常好，全体教职工自信自强、守正创新、踔厉奋发、勇毅前行。结合学校实际，我与全体高三班主任交流以下三个方面的内容。

一、看到成绩，坚定信心

从五县联考成绩来看，我校上线率基本稳定，优秀的成绩来源于多方面的因素。

第一，我们的队伍非常强大，从领导、班主任、组长到每位教师，都有坚定的态度、优异的水平、踏实的干劲、创新的精神，所以我们才能取得好成绩，才能无往而不胜。

第二，教学常规做得好，课间操、两睡、卫生、自习纪律、文明礼仪、就餐秩序等习惯养成得好，班主任全程陪伴，学生规范的日常行为为良好学习习惯的形成打下了基础。

第三，学生主动学，教师热心教。大部分同学都有刻苦的精神和拼搏的劲头，早来晚走，这是一种心态，一种班风，一种学风，一种你追我赶的态度。

二、看到问题，解决提升

总体来看，在班级、学科、教师个人方面还存在一定的差距。应届偏文的班级成绩相对不够理想，往届平时成绩还不错的班级这次成绩有所下滑，班级之间普遍存在差距。班主任要看到问题，认真剖析，是班主任的管理水平不高，还是任课老师的教学没有到位；是班级整体学风不够浓厚，还是个别同学影响总体秩序，要抓住问题的关键，自身带好头，带领任课教师和班级学生共同解决好问题，不断提升。看到问题，重视问题，解决问题，让问题点成为我们的增长点，变问题为动力，这样才能达到班级整体稳定，学生的成绩才能有所进步。

从班主任靠班情况来看，还有个别班级没有做好。要向两位主任和于校长看齐。在岗一分钟，尽责六十秒，作为高三班主任，我们肩上担负的是学生的未来、家庭的

希望、孩子的一生，一定不能松懈，要持续发力，加强自觉意识，做好陪伴教育，尽心、尽力、尽责地为学生的终身发展考虑。

三、看到目标，建功立业

目标就是引领，要制定好目标，攻坚克难，争先创优。目标就是针对学生、分解到科、落实到人，班保人，课保分，形成时间表，设计好路线图，落实包教包培，切实做到把弱科补上去，把总分提上来，每个班定好重本、二本上线人数目标。加强导师制落实，班主任要起到核心导向作用，带领各科教师不断强化育人功能，帮助学生提高学习能力。

大家都静下心来，加强落实、因材施教、全力以赴把学生的成绩提高上去，一切为了学生的发展而努力，为了学校的发展贡献应尽的力量。

2022 年 10 月 16 日

总结过去，勇毅前行，凝心聚力，共创佳绩

—— 全体教师会发言记录

今天的会议，总结详细、具体、提气，安排全面、到位、给力，充分体现了我们高三管理团队的责任意识、担当意识和能力，也体现了高三教师团队在战斗力、凝聚力、能力、干劲等方面有了很大的提升，为我们取得优异成绩提供了坚实的保障。借这个机会我从以下方面与大家进行交流。

一、总结过去，踌躇满志

1. 管理好

以班主任为主的管理团队兢兢业业、任劳任怨、无私奉献，从两操、两休、卫生、自习纪律等方面全程陪伴学生成长，特别是关注到了每一位学生，无论成绩好的、差的、有特殊情况的，各位班主任和教师都有针对性地帮助他们学习、进步，真正落实了我校提出的办学理念——育人为本、全面发展、因材施教、特长突出。

2. 教学好

研究到位，无论是集体研究，还是平时组内的集体备课，在教研室主任和备课组长的带领下，每位教师都积极参与，相互学习，共同提高，年轻教师积累了经验，老教师启发了思维，每个人都受益匪浅。课堂教学效果显著，从领导推门听课、参与青年教师课堂大赛、评课的反馈情况来看，无论是骨干教师还是年轻教师，整体提升很快，严格落实了我校 7667 高效课堂模式，在课堂上真正做到了以学生为主体，以教师为主导，引领学生探究问题，共同提高。“教而不研则浅，研而不教则空”，各位教师深化教学研究，注重教学实践，有效助推了自身教学水平的提高和学生核心素养的提升。

3. 成绩好

首先，艺术联考中我校学生在过关率 80% 以上的基础上，高分突出，在县内独占鳌头，有冲击名校的实力。

其次，听力高考中我校学生适应能力强，在疫情的影响下顶住压力，充分发挥了最高水平，这一切得益于日语组和英语组教师们的辛勤付出和学生们反复、高强度的重点训练。

最后，期末考试中应届生表现突出，往届生不甘落后，同学们坚持参加考试，整体效果好，反映出我们抓深、抓细、抓实的工作作风取得成效。只要我们平时注重落实，相信学生的成绩一定会“芝麻开花节节高”，最终在高考中脱颖而出。

二、展望未来，勇毅前行

1. 休整好

在假期中各位教师要调整好自己的心态、身体，为更好地适应高三教学的快节奏打好基础，尤其是高三教学经验不足的教师，要及时反思总结，调整自己的教学方法和教学策略，多向骨干教师学习。多陪伴家人，多与家人交流，保持良好的生活作息习惯。

2. 学习好

要把充电学习作为我们一生的习惯，各位教师在学习和提升专业课素养的同时，也要多阅读。每个假期学校都发放推荐书籍，希望大家能及时读完。读书能涵养我们的心灵、提升我们的精神境界，为打造一流教师团队做好准备。

3. 辅导好

各备课组要做好学生学习规划，在开课之前把教学材料准备充足。备好课，备好学生，编制好学案，才能在课堂上做到游刃有余。在上好课的同时，落实好因材施教，做好个性化指导，利用好全员育人导师制，关心每位学生的发展，及时对学生进行各方面的指导。

除此之外，希望各位教师在假期中也要加强师风、师德建设。

这学期以来，各位老师在教学和管理等方面都作出了突出的贡献，真正做到了爱生如子、无私奉献、勇于担当，在这里我代表学校感谢大家的辛勤付出，希望各位教师能继续提高自身素养和综合水平，凝心聚力将自己锻造成“四有”教师，也预祝我校 2023 年高考取得优异成绩！

2023 年 1 月 15 日

高三全体教师会发言记录

我借今天的机会与高三年级的教师们简单交流一下。高一年级和高二年级放假后，高三年级要继续上网课，教师们都很辛苦。但是，高三年级的工作已经到了关键时刻，从现在到高考还有四个多月的时间，我们必须高度重视，调度好学生学习，保证学习质量。

之前高三年级未雨绸缪，已经把材料、课件、学案等都准备到位。与去年的情况相比：一是准备得比较充分；二是学生的调度情况比较好，无论是人数还是质量，都比较好，经过教师们的共同努力，整体形势向好；三是教师团队的磨合，自从马校长和赵主任过来以后，经过了一段时间，现在与教师们沟通很好，教师们“团结、勤奋、求实、创新”的作风到位，接下来我们要做到“人心齐，泰山移”“心往一处想，劲往一处使”，往目标学生上使劲，往包教包培学生上使劲，整体上要进一步提高。

下面我跟大家讲一下“五个大”和“三个具体措施”。

一、五个大

五个大，即责任大、压力大、信心大、干劲大、提高大。学生的成绩有波动是必然的，去年也出现过这种情况，中间有一段时间不太理想。但最终的高考成绩稳中有升，我相信经过我们之后的共同奋斗，总体成绩一定会有提高。

1. 责任大

对于高三年级，无论是从学校发展、年级发展，还是家长的期望来说，都肩负着重大的责任。在学生人生最关键的时候，我们要送他们一程、扶他们一把，让他们顺利地走过“独木桥”。教师们一定要有责任意识，要勇于承担责任。

2. 压力大

自我加压的同时要注意做好自我调节，变压力为动力，变压力为信心。

3. 信心大

信心来源于我们的努力，来源于边缘目标生。要让全部学生都参加一模考试，每名学生都要不断地提高，争取把学生推上去。先突破 100 名，再完成 108 名的目标。现在高三年级的特尖生、重本率、二本率都非常有希望，一定要有信心，一切皆有可能。

4. 干劲大

通过这段时间的观察，教师们干劲比较大，我对高一年级和高二年级的评价是天道酬勤，功不唐捐。大家要做到有能力、有经验、有干劲，才会有成绩。光有能力、有经验，没有干劲也是不行的。

5. 提高大

落实好了前面四个大，一定会有大的提高。

二、三个具体措施

1. 关于网课

不管是两名教师的学科、四名教师的学科，还是三名教师的学科，每节课都要碰头研究。年前这段时间若个别教师有特殊事情，要及时与马校长、赵主任进行沟通，要严格落实好半日工作制，上网课的教师要早一点来，不要耽误集体研究。网课开始的打卡和中间的考勤可以换种形式，搞好创新。调度好边缘目标生，做到班保人，科保分。出成绩后，从班主任到学科到个人，都要考虑清楚责任。各位教师要清楚、明白自己肩负的重担。

2. 关于半日工作制

半日工作制要根据要求落实好，教师们有事情，要第一时间与赵主任沟通，高三年级团队的核心是赵主任，马校长是总指挥。赵主任年龄比较大，经验丰富，是我们学校年龄最大的班主任，是非常令人尊重的。

3. 关于假期安排

假期安排要到位，各位教师都写了总结，后面的一轮扫尾、专题复习、拉练等都要安排好。年前做一套拉练题，是非常科学的，有时候讲课不用很多，要讲练结合。另外，班主任要注意及时激励、鼓励、调度。

相信经过我们共同的努力，一定会不断提高，到一模考试的时候会有比较理想的成绩，到高考的时候实现既定的目标。现在到了关键时候，我们要静下心来搞好研究，搞好教学，搞好落实。大家要心往一处想，劲往一处使，将成绩提高上去。

天道酬勤，终有所获。相信经过我们的共同努力，成绩一定会稳步提升，创造优异的高考成绩。

2021 年 2 月 4 日

坚定信心，锚定目标，砥砺奋进，勇毅前行

—— 高三师生会议记录

尊敬的各位老师、亲爱的同学们：

大家下午好！刚才，看到同学们精神抖擞、斗志昂扬地走过成功之门，我由衷地为大家感到骄傲和自豪。高考听力考试和一模考试，同学们成绩优异，进步显著。结合近期的复习与考试情况，我与大家交流以下三个方面的内容。

一、看到成绩坚定信心

同学们进入高三以来，都非常刻苦，也取得了令人满意的成绩。在高考听力考试中，我校再创佳绩。从潍坊市一轮复习模拟考试成绩来看，非常理想，重本和普本上线人数均有所增加。与去年一模成绩相比，成绩斐然，鼓舞人心。可喜的成绩离不开各位老师的辛勤付出与团结协作，我们会再接再厉，交出令家长、学生更加满意的答卷！

同学们，距离高考还有 100 天的时间，我们还有很大的进步空间。从现在开始，我们要珍惜复习的时光，把握好每一次考试机会，坚定信心，不断进步。你们的求学之路并不孤单，陪伴你们的有时刻挂念关心你们的家长，有细致入微、耐心指导你们的老师，也有无私帮助、亲如兄弟姐妹的同学们。奋战百日，壮志定酬，相信在大家的共同努力下，我们一定会取得最终的胜利。

二、结合实际，制定目标

目标是引领，目标是努力方向，目标也是同学们学习的动力。因此，每位同学都应确立切实可行的目标，不要好高骛远，目标要“跳一跳够得着”，然后拼尽全力去实现它。同学们要反思一模和复习中存在的问题，制定好学科目标、二模、三模复习目标，也要结合自己的兴趣和具体考试情况，确立符合实际的高考目标、院校目标，以此来激励自己。即使在努力的过程中有风雨、有坎坷、有困难，但有了理想的指引，我们一定会攻坚克难、披荆斩棘，用良好的心态投入学习，最终实现总目标。

三、注重学法，提高成绩

分析优势，坚定信心，分析不足，明确方向。正如毛泽东同志所说：错误和挫折教训了我们，使我们聪明了起来，我们的事情就办得好一些。同学们在分析不足时要着重从考试心态、基础漏洞、答题规范、做题速度、灵活性五个方面进行自查，发现问题，查漏补缺，改正提升。

从近年来高考考查趋势来看，语文加强对时政、科普、政论的考查；英语更侧重于对传统文化、单词量储备的考查；数学延伸对复杂情景、逻辑思维高度的考查；理化更加重视对实验、综合探究的考查。我们在做题和考试的过程中，要熟悉高考命题方向，最重要的还是稳扎稳打、夯实基础、步步为营、逐步提高。

根据前段时间复习和考试中发现的问题，以下几个方面值得同学们在后面的复习中重视。

1. 合理作息，劳逸结合

二轮专题复习和三轮复习考试拉练比较紧张，同学们一定要注意按时作息，适度锻炼，劳逸结合。学校为同学们规划了合理健康的作息制度，只要在课堂和自习上专注、投入，就能保证充足的学习时间。不提倡同学们“开夜车”，只有休息好，才能精力充沛地投入到学习中，保证高效地学习。

2. 提高效率，夯实基础

高考侧重对基础知识的考查，因此我们一定要将基础打牢，以不变应万变。从前面考试来看，很多同学在一卷上丢了不少分。同学们在二轮和三轮的复习中更要重视基础知识的复习，熟练掌握，夯实基础，细心作答，不要好高骛远，更不要眼高手低。

3. 加强训练，提高速度

在平时的限时训练中，要合理规划时间，提高时间意识，训练答题的速度和准确度。不要粗心和眼高手低，会做的题目要保证不丢分。

4. 立足平日，规范作答

规范答卷能力的提升，重在思想上重视和平日的训练，平时在做学案和答试卷时都要有规范意识，认真书写，按照教师要求的格式答卷，养成条理清楚、步步有据、规范简洁、优美整齐的答题习惯，大考时才不会在规范上丢分。

5. 注重投入，促强补弱

同学们现在正在进行二轮复习，二轮复习的指导思想是“巩固、完善、综合、提高”。巩固即巩固基础知识和基本技能；完善即完善知识体系，形成知识框架；综合即在知识运用上前后联系，综合分析问题；提高即在答题的准确、速度、规范、灵活性方面得到提高。

希望同学们在今后的学习中，踔厉奋发、勇毅前行、坚定信念、自信自强，在高考中取得理想成绩，考上心仪的大学，为自己的人生交上一份满意的答卷，为实现中华民族伟大复兴贡献我们的力量！

2023 年 2 月 26 日

高考考前动员会发言记录

同学们：

大家晚上好！

今天距离高考还有 6 天的时间，同学们复习备考到了最关键的时候。利用今天晚上的时间，我与同学们交流一下：如何有效地备考、科学地迎考？用一个公式来表示就是：表现 = 实力 − 干扰。表现指的是“高考分数”；实力指的是“对各科知识的掌握程度”；干扰指的是“心理以及外界的干扰等”。因此，我们要做到两个方面：增强实力，排除干扰。

一、增强实力

1. 调整心态

良好的心理状态是：内紧外松，张弛有度，保持自信，适度紧张。

学生考前，考中紧张的主要原因是：高考是人生中遇到的最重要的一场考试，有些紧张是正常的；过分看重考试与个人前途的因果关系；考前过度疲劳。

轻度焦虑有助于发掘你的潜能。在临考前不再想自己的目标、父母的期望、没有做完的模拟试题和不会做的试题，保持良好的心态、适当的紧张应对高考。

调整心态的方法：把能引起自己焦虑的事情都写下来；适度运动；自我放松训练（深呼吸）；登高望远；对考试结果要有一个适当的期望值；适度平静；相信自己的实力；适度交流；处变不惊。

以上调整心态的方法，同学们可以根据自己的情况，选择一两种进行自我调整，保持良好的心态，从容应考。最好的备考方式（消除紧张的最好办法）就是按照老师的安排和自己的计划按部就班地搞好复习，不要让任何事情打乱自己的计划。

2. 搞好回扣

各学科都要进行回扣调节。回扣“三基”问题，回扣题型题路，改进、提升非智力因素。

3. 掌握应考技巧

俗话说：七分努力，三分运气。我认为，这三分运气即答题技巧。要答好一份试卷，总的指导思想是保一卷、争二卷，一卷分分必得，二卷分分必争。答题过程中要牢记 12 字方针：信心、细心、准确、快速、规范、灵活。

接下来，我针对这12字方针，与同学们交流一下。

（1）信心

信心来源于实力、干劲、教师的指导、父母的陪伴、同学的鼓励支持等。

（2）细心

要做到认真审题不丢分。每次考完试后，同学们在写总结的时候，大部分同学都会提到由于粗心而丢了分，因此同学们平时一定要注意粗心问题。

要避免粗心我认为应做到以下三点：认真审题，不审错题；不要漏题；不要思考对了、做对了而在试卷上写错了。

（3）准确

要做到以下两点：数据准确，不出现计算失误；语言符号准确。

（4）快速

要做到以下三点：按顺序做，先易后难；稳中求快，切忌急躁冒进或心中没数，以致耽误了答题时间；遇到难题绕道走，也就是说遇到难题，不要恋战。要学会绕道而行，暂时放弃，待时间有了剩余，回过头来专门攻克。

（5）规范

要做到规范作答多得分。要做到规范，需注意以下四点：贴好条形码，写上姓名和座号，做完一卷后，立即把答案写上，防止出现顺序颠倒的情况；第二卷用中性笔书写，切忌潦草，要工整；要注意格式和学科语言特点；不留空白，选择题不会的要猜上，计算题可以答上几个问号或做上几个步骤。

（6）灵活

同学们处于18岁左右的年龄，这正是创造力最旺盛的时候，要相信你的潜力是无穷的，只要认真思考，难题是完全可以攻克的。

基本的答题顺序如下：

①填写信息，稳定情绪。

②总揽全卷，区别难易。

③认真审题，灵活答题。

④过程清晰，稳中求快。

⑤尽量多做，分分必争。

⑥抓住“题眼”，构建“桥梁”。

⑦遇到易题，格外小心。

⑧思路暂塞，学会变通。

⑨注重与生活、社会的联系。

⑩想到几个似是而非的答案时要都写下来。

⑪注意检查，减少失误。

整体上，需要同学们落实好这12字方针。关于答题顺序，可以根据自己的经验，在最后一次拉练的时候固定一个答题模式，对高考考出好成绩有很大的帮助。最好的应考方式就是集中注意力，凝心聚力做好每一道题。

4. 养成好的习惯

学会微笑。自信使人充满微笑，微笑使人更加充满信心。制定好作息时间表及复习安排，不要轻易改变。要时刻约束自己的行为，不能从思想上放松对自己的要求。注意饮食卫生，防止胃肠疾病。不订外卖，不吃冷饮。做好物质准备，熟悉考试环境。严格遵守考试纪律，做到诚信应考，严肃考风、考纪，专心答题，才能发挥出最高水平，无怨无悔。

二、排除干扰

笑对高考——没什么大不了！总的原则是：战略上藐视敌人，战术上重视敌人。把高考当成一次普通的考试，微笑从容地面对。

有些知识没复习到，没什么大不了。高考期间没休息好、没吃好，没什么大不了。用顽强的意志克服困难。高考期间小病小痛，没什么大不了。平时要调整好，保证身体健康。在陌生的考点参加高考，没什么大不了。高考遇题难，没什么大不了。遇到不顺心的事，没什么大不了。考试证件、用具忘了带怎么办？老师带考，特殊情况下老师会全力以赴地帮助你。答题时别人干扰你怎么办？不管他，这场考试结束后立即找带队老师解决。志愿填报很重要，要结合自己的兴趣、高考分数、个人规划和国家需要等方面填好志愿表，争取到自己心仪的大学就读。

同学们，两强相争勇者胜，敢拼才能赢，相信自己的实力，相信自己的运气，高考一定会考出理想的成绩。你一定会成为成功者，笑对人生。

我写了一副对联与同学们共勉。

心态好，万事都好，答题好字写好，高考发挥好。

状态佳，凡事都佳，心情佳分数佳，人生从此佳。

一年的时间里，我们风雨同舟，建立了深厚的感情。希望同学们能常回母校看看。祝愿同学们高考一帆风顺，考取理想的学校！

2023年6月1日

扬帆起航，圆梦高考

——高考考务工作调度会发言记录

这段时间高三的师生状态非常好，班主任们 5 月 28 日开始陪餐，深入学生中，和学生一起用餐。这对稳定学生的情绪，让学生静心备考起到了很好的作用。这个阶段学生往往感觉到焦虑、无助，但看到老师陪着自己，这无形之中给了他们力量。

为了统一思想、统一行动，更好地为高考学子保驾护航。我从以下三个方面与大家进行交流。

一、精心组织，确保万无一失

高考关系每个学生一生的发展，也关系每个家庭的走向。我们必须精心组织，确保万无一失，务必从思想上高度重视。

从我多年的高考组织经验来看，以下几件事情需要带队教师特别注意。

1. 明确职责

要清楚自己具体干什么事，跟着哪辆车，负责哪几个学生，提醒学生检查身份证、准考证以及文具袋是否带齐。跟学生强调，一定不要带违禁物品，不要带金属物品，确保学生顺利入场。

2. 三个意识

时间意识：带队老师提前 5 ～ 10 分钟到位。

规范意识：教师着装要规范，对学生的要求上要按照学校要求办，这不仅代表我们学校的形象，对学生也有引领作用。

纪律意识：一切行动听指挥，按程序办事。

有关学生纪律方面我再强调以下三点。

（1）入场顺，一切顺。6 日下午组织好学生看考场。

（2）出考场后，严禁互相对答案。

（3）在考场中，严格遵守考试纪律。

特别要注意：到点答题，铃响即止。

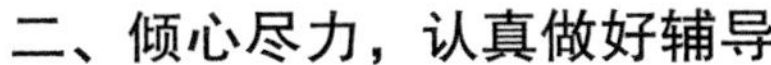

二、倾心尽力，认真做好辅导

到了最后时期，最重要的还是老师们静下心来，掌握好高考信息，把握好大方向，给学生提供能看完的回扣材料。学生静下心来回扣调节，保持正常的作息，思想不能松懈，不能手生，保持一个比较好的应考状态。考前班主任的指导，学科教师的指导，特别考试期间的辅导，选考科目的教师要及时到位。留下来的教师要倾心尽力，做好辅导。

三、突出重点，严抓工作落实

现在一切都是为了学生的复习、备考、应考，这是教师们当前最重要的工作。另外要注意，教师提供的材料要能让学生看完，不要多带。要多给学生时间让他们看，讲的时间不要太多，注重学生自我消化。送考时要关注特殊学生，适当关注心理有问题的学生。每场考完，多关注情绪激动且与平时表现不同的学生，带队教师多与班主任及时沟通。

考完之后，组织好学生捐书，宿舍卫生的整理也要坚决落实。毕业典礼要严密组织。

一群人，一条心，一件事，一起拼，一定赢。前三年我们取得了优异成绩，今年在高三年级领导的带领下，各项工作做得实，做得牢，相信今年高考一定会有更大的突破！

2023 年 6 月 5 日

班主任工作职责

班级是学校进行教育、教学工作的基本单位，班主任是班集体的组织者、教育者和领导者，应对班级所有学生负责，进行全面教育、管理、指导学生，是学校领导进行教育、教学工作的得力助手。班主任的主要职责有以下八个。

1. 班主任要努力成为学生的人生导师，提高思想境界和自身素质。应充分认识自己的重大职责和光荣使命，扎扎实实抓好班级工作。

2. 加强学生思想教育引导，激发学生的上进心。对学生进行“立志”“励志”教育、校史校训教育、中华传统文化教育，开展多彩有效的教育实践活动，等等。关心爱护全体学生，平等对待每一个学生，尊重学生人格。采用多种方式与学生沟通，有针对性地进行思想道德教育，促进学生德智体美劳全面发展。

3. 认真做好班级的日常管理工作，维护班级良好秩序，加强班风、学风建设，培养团结奋进的优秀班集体。培养学生的规范意识、责任意识和集体荣誉感，营造民主和谐、团结互助、健康向上的集体氛围。指导班委会工作，充分发挥班干部的作用。

4. 组织、指导开展班会、文体娱乐、社会实践、远足等形式多样的班级活动，注重调动学生的积极性和主动性，并做好安全防护工作。

5. 组织做好学生的综合素质评价工作，指导学生认真记载成长记录，实事求是地评定学生操行，认真填写学生档案材料，向学校提出奖惩建议。

6. 经常与任课教师和其他教职员工沟通，主动与学生家长联系，形成教育合力，抓实“优生”的培养、“待进生”的转化，带动“中间生”进步，努力提高教学成绩、教育质量。

7. 做好以下常规工作。

（1）及时参加班主任会议。

（2）对学生进行校纪、校规制度教育，规范学生日常行为，培养学生规范意识、责任意识。例如，执行《高中学生日常行为规范》《高中学生住宿规定》《高中学生请假制度》《高中校园管理十项规定》《安全管理制度》等。

（3）对学生进行文明礼仪教育，并落实好学生的仪容仪表，确保学生在校着校服、

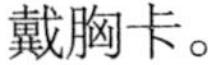

戴胸卡。

（4）组织好学生参加升旗、上操等集会活动。

（5）检查早晚自习学生出勤、纪律，督促值日班长填写班级日志，除值班检查外每周至少检查两睡到床头两次，保证良好的两睡秩序。

（6）组织学生搞好每天起床后早、午两次宿舍清洁卫生、早上的卫生区清理及每天晚自习后的教室卫生清理。

（7）搞好学习小组建设及评价，充分发挥小组建设在班级管理中的作用。

（8）按照年级要求，落实好平板管理规定，保证学生能够规范高效地操作平板。

（9）组织好每周一次的主题班会。

（10）及时上交班主任工作计划和班主任工作总结。

（11）定期督促学生做好班级文化展板。

（12）参与学生值周。

（13）对学生的违纪行为及时进行教育处理。

（14）执行学校安排的班主任全员到岗安排。

（15）及时完成临时性任务。

注：凡规定班主任到岗而未到者，通报批评，按学校规定扣结构工资。

8. 值日班主任的职责有以下几点。

（1）早上：到宿舍督促、检查学生按时起床就餐。

（2）午睡、晚睡：到宿舍检查两睡，提前10分钟到位，晚睡铃响后30分钟离开，查人数、管纪律并作好详细记录。

（3）晚自习：督促检查本级部班级晚自习纪律并作好详细记录。

（4）校园纪律：组织检查好晚自习校园纪律并作好记录。

（5）就餐：陪餐班主任全程督促检查好学生三餐的就餐秩序，并作好记录。

2019年9月

学校“班主任节”开幕式发言记录

各位领导、各位班主任：

我宣布，第一届“班主任节”正式开幕！

班主任是学校队伍的中坚和骨干，是学校德育工作的核心力量。为理解和尊重班主任，进一步关爱班主任队伍的发展，我校积极响应上级领导要求，开展相关活动，举办“班主任节”。“班主任节”的设立，是各级领导和社会各界对班主任团体工作的高度肯定和认可，激励了班主任群体的自我认同和素质提升，为进一步提高班主任待遇奠定了良好的开端。

借此机会，我与大家交流以下三个方面的内容，与各位班主任教师共勉。

1. 心怀热爱

作为一个有着 17 年班主任工作经验的人，我非常能体会在座各位工作中的酸甜苦辣。班主任要抓学习、抓管理，特别是高中班主任，需要披星戴月、早出晚归地陪伴学生。虽然从早到晚都很辛苦，但只要热爱这份工作，多和学生交流、和教师交流、和家长交流，相信大家都会从中收获快乐。唯有热爱方抵岁月漫长，爱工作、爱同事、爱家长、爱自己的家人，尤其要爱学生，从心底尊重学生、热爱学生、关爱学生，这样才能管理好班级，做好学生成长的引路人。在工作过程中有所收获，将来回顾这段工作经历，也是非常有价值的。

2. 勤奋有为

勤奋是做好一切工作的基础，也是一个班主任应该具备的重要品格。班主任要腿勤、脑勤、嘴勤、眼勤、勤观察、勤沟通、勤思考，落实好常规谈话，及时掌握学生的学习情况和心理状态，在班级管理方面多下功夫，不断反思总结、开拓创新，提升自己的育人能力。

3. 注重方法

作为新时代的班主任，时代赋予了你们新的内涵，你们也要对自身有更高的要求，要与时俱进，注重方法。与家长沟通，注意方式方法，对待不同的家长要转变交流方式，但一定要真诚、有耐心，才能赢得家长的肯定和信任。与学生相处，也要注重方法，要将心比心、尊重学生、鼓励学生，因材施教，对不同的学生采取不同的教育方式，帮助他们成长。

最后，感谢在座的各位班主任的辛苦付出。希望在今后的工作中，大家能够继续落实好立德树人的根本要求，求真务实、勇于创新、坚定使命、勇毅前行、共同努力，为我们学校的发展壮大作出卓越的贡献!

2023 年 3 月 24 日

凝聚力量，育人担使命，采撷智慧，交流促成长

——班主任论坛发言记录

本次班主任论坛上，两位班主任教师的分享立足实际，结合日常的班级教学管理工作，给各位班主任今后的工作提供了经验。本次班主任交流会，既有理论指导，又有实践经验的总结，层次水平很高，达到了很好的效果。借这个机会，我与大家交流三个方面的内容。

一、保安全，守底线

学校安全工作是高压线，也是坚决不能触碰的底线。没有安全保障，一切工作都无从谈起。所以，我们要高度重视安全工作，确保学生的在校安全。

首先，班主任要保证自身的身心安全，班主任在学校、上下班路上，包括平时的生活中，都要注意身心安全。正人先正己，班主任要以身作则带好头，要求学生着装整齐、不带手机进校、不玩游戏、遵守学校各项规章制度，就要严格要求自己不玩手机、不玩游戏、上班期间不干与工作无关的事情，平时的着装更要整齐。一言一行、一举一动，身正为范，做好学生的榜样。班主任在家长和学生心里的形象非常重要，一个好的班主任是学生一生的贵人，只有保持健康良好的身心状态，才能更好地带领班级成长进步。

其次，要确保学生的身心安全。放假期间一定要强调防溺水，外出时要注意交通安全，在校时要重视饮食、运动等安全。特别是一些心智不够健全、心理不够健康的，例如有抑郁倾向的学生，班主任要高度重视，既要保证他们的身体健康，又要用正能量和积极的榜样，激励、引领他们健康成长。

最后，要保证舆情安全。班主任政治意识要强，站位要高，这样才能教书育人。另外，在与家长、学生、老师沟通时要时刻维护大局，引领学生、家长发展。我校师资队伍强大，造就了优异的教学成果，今年我校高考成绩和高一期中考试划线成绩相比，上线人数增长了100%，做到了低进高出。班主任要做好宣传，用党的教育理

论和学校的发展现状引领家长，宣传学校文化，弘扬正能量。

二、抓常规，养习惯

开学之初，抓常规、养习惯非常重要，只有落实了常规，才有好的纪律，学生才能养成良好的习惯，这样成绩提升才有保障。每个年级要根据实际，严格要求学生，陪伴、引领学生，力争让每个学生守纪律、落实常规、养成以下良好习惯。

（1）按时作息的习惯：早上六点前到教室早读，中午十二点半按时午休，做到鸦雀无声。晚上铃响即静，铃响即睡。

（2）按时上操的习惯：课间操要做到快、静、齐。

（3）按时就餐的习惯：排队就餐，做好光盘行动，保持桌面卫生，服从班主任和食堂人员的管理。

（4）保持卫生的习惯：保持好教室和宿舍的卫生，按照标准严格落实。

（5）自习投入的习惯：保持良好的自习纪律，才能营造安静的学习氛围，自习期间入室即静、入室即学，才能让成绩有更好的提升。

（6）上课认真听讲的习惯：要跟着老师的思路走，按照老师的要求思考、练习，才能不断提高。

（7）不看手机，不带手机入校的习惯：不带手机入校，就消除了玩手机影响学习的隐患。

（8）在校着校服的习惯：在校穿校服体现了学生们良好的形象。

（9）文明礼仪的习惯：见面要问老师好，一举一动彰显我们高中学生的良好修养。

（10）文明交往的习惯：珍视同学友谊，杜绝不文明交往。不文明交往对学生身心危害大，班主任要教育学生举止端庄文明，不要做有损自己身心健康的事。同学们之间要团结，不要出现校园暴力、欺凌等现象，若有类似情况发生，要严肃处理。

总之，开学之初要严抓常规，为同学们在今后的学习、生活中养成良好习惯开个好头。尤其是高一和复读的新生，刚刚来到学校，有诸多的不适应，班主任既要严格要求，也要多帮助和关爱他们，多与他们谈话，沟通、指导、引领他们，让他们迅速适应学校，安心学习，提高成绩。新高二、新高三返校之后要巩固已经养成的好习惯，提高组织纪律性，争取在原来的基础上实现新的突破。

三、重方法，促提高

在养成良好生活习惯的同时，班主任要教育学生迅速适应学校的环境，适应新的教师和同学。只有适应了环境，才能踏实学习，提高成绩。在学习上要教育学生搞好预习，突出重点。听课时紧跟教师思路，不要开小差，配合教师搞好讲练结合，做到思维提升。自习时先巩固所学，再预习所学，形成知识闭环，养成好的学习习惯和学习方法。另外，班主任要和教师、学生、家长多沟通，多交流，问题要及时处理。

希望各位班主任在今后的教学管理工作中，凝心聚力，因材施教，落实陪伴教育，让每位学生学有所长，不断提高，也为学校的发展作出新的贡献!

2023 年 4 月 10 日

心怀热爱，守牢底线，提升能力

为促进班主任管理工作的提升和专业能力的成长，我校召开了班主任论坛会。这次会议是成果的共享、实践的结晶、理论的提升，相信每位教师都受益匪浅。优秀班主任代表为大家分享的班级管理经验详细、具体，他们有想法、有干劲、有冲劲，从日常教学管理、文化引领、制度落实、家校沟通等方面为大家提供了帮助。我们的班主任队伍发展迅速，执行力强，凝聚力强，有担当，敢作为，成为学校教育的骨干力量。借这个机会，我与大家交流以下三个方面的内容。

一、心怀热爱

作为班主任，不仅要高效完成教学任务，还要承担班级管理的职责，是非常烦琐也是非常辛苦的。如何才能在如此繁重的任务中累并快乐着呢？答案就是：心怀热爱。唯有热爱，方能抵御岁月漫长；唯有热爱，才能攻坚克难取得胜利。

二、守牢底线

对于班主任来说，守牢底线，最主要的就是遵守教师职业道德规范，加强师德师风建设。一个团队离开了纪律，离开了制度，离开了规矩，是难以取得胜利的。所以，我们要用规矩和制度来约束学生，爱学生的同时要严格要求学生。但是我们在严格要求学生的时候，要注意方式方法，尤其不能体罚、变相体罚、打骂、伤害学生，而是深入学生内心，做学生的精神关怀者。各位班主任要时刻警醒、严格要求、自我反思、严于律己，落实好立德树人的根本任务，做爱生如子、育人为本的好老师。要牢守安全的底线，在日常教学和管理中，要加强对特殊学生的关注，包括心理有问题、家庭情况比较特殊、有抑郁倾向或者遇到困难的学生，无论是性格强势还是相对弱势，都要高度关注，尤其要防止欺凌和校园暴力事件发生。班主任要勤观察、多思考，要时刻注意班里是否有类似情况，不能有丝毫的懈怠，利用好全员导师制，防患于未然，让学生平安顺利地成长。

三、提升能力

想提升教学能力，班主任就要在教学和研究方面多下功夫，业务领先，教学成绩得到认可，是班主任工作成功的基础。只有教学能力突出，才能够得到学生和家长的信任，才能树立自己在学生心中的威信。强化管理能力，班级管理要形成“人人有事干，人人有事管，人人受表扬”的局面，多鼓励，多沟通，多表扬，让每位同学做班级管理的主人，增强学生的自信心、自觉意识和创新能力，有效促进学生自我管理能力和班级整体管理水平的提高。注重家校沟通，班主任是学生、学校、家长三者沟通的桥梁和纽带。班主任不仅要服务好学生，更要服务好家长，家校沟通有利于融洽师生感情，统一家校教育思想和教育方法，形成教育合力，使学生能更健康地成长。班主任和家长的关系保持和谐、融洽，离不开平时的沟通，在与家长交流反馈的过程中，要掌握沟通技巧，用客观、全面、公正的态度，尊重每位学生，尊重每位家长。

桃李不言，下自成蹊。希望各位班主任以本次论坛为契机，不断提高自己的教学水平和专业素养，提高管理水平和管理能力。心怀热爱，脚踏实地，用心教书，用爱育人，成为学生成长道路上的领航人，成为高中接续发展的骨干力量！

班主任因压力过大，产生不良情绪怎么办

当我们在关注学生的心理健康时，往往忽视了班级管理者——班主任的心理压力。班主任既要承担所教学科的教学任务，又要负责一个班级的全面事务，是班级学生主要的组织者、教育者和管理者，重任在肩，任重道远。特别是一些新上任的年轻班主任，钻研教材、搞好教学本身就要下很大气力，花费不少时间，管理班级又谈何容易。学生不争气，自己发脾气，师生搞对立，哪能没压力！作为一个有着十余年带班经历的资深班主任，我认为班主任因压力过大而产生的不良情绪可以从以下几个方面进行疏导、减压。

一、提高自身素质，完善自我

班主任是一个班级最好的形象代言人，是对学生影响最大的人，也是学生最爱或最恨的人，班主任对学生的影响大小与学生对班主任的认同高低息息相关，这也是做好班级工作的关键所在——让大家接受你、认同你、喜欢你、尊重你。打铁还需自身硬，班主任要在提高自身素质方面多下功夫。要抓好自己的教学业务，让学生认同自己；要提升自己的道德威望，让学生赏识自己；要完善自己的一言一行，让学生模仿自己。我相信：桃李不言，下自成蹊；其身正，不令而行。只要班主任在班级树立了自己的威信，成为班级可爱可敬的人，那么良好的班风学风就会随之而来，巨大压力也会因和谐的师生关系而消失。

二、多学习，多请教，多借鉴

圣人无常师，三人行必有我师。一些年轻班主任在管理班级处理问题时主观情绪多于客观理性，要么急躁冒进，要么冰火不容，结果往往是两败俱伤。罗马不是一日建成的，年轻班主任要成长为出色的班主任，少走弯路、少犯错误的有效途径是向身边有经验的优秀班主任多学习，遇到问题多请教，好的做法多借鉴，持之以恒，自己就能独当一面，游刃有余，不良情绪也会因从容的管理之道而化解。

三、将交流进行到底

事不说不明，理不辩不清。很多时候，压力过大产生的不良情绪来自隔阂、误解、争议，甚至是无意、无心，这就需要班主任在沟通交流时主动出击，定能大有收获。要经常与学生谈心，重视与学生的思想交流，侧面了解班级情况；要经常与任课教师沟通，重视任课教师的建议，全面了解学生情况；要经常与家长联系，重视家长反映的学生问题，以做到有的放矢，对症下药。我认为，和班级学生关系理顺了，和各科教师关系融洽了，和学生家长关系和谐了，所谓的隔阂、误解、争议也就没有了。

当然，班级管理问题多种多样，班主任压力也各有不同，没有包治百病的万能药，只要我们怀有爱心，热爱教育，爱岗敬业，就一定能够合理地释放自己的不良情绪，成为合格的班主任、快乐的班主任。

高效学习小组建设方案

一、总则

为了配合课堂教学改革顺利进行，保证课堂人人参与，保证课改的实际效果，年级开始推行“学生小组合作学习法”。让学生在自主管理中学管理，在自主学习中学习，在自主生活中学生活，学生身心真正得以发展。

二、建设机制

（1）人数为 6 ~ 8 人，分为优等生、中等生、待优生三个层次。

（2）按中考成绩平均分配，体现公平竞争。

（3）合理搭配，让不同智力水平、思维方式、认知风格和兴趣特长的学生组成小组，达到能力互补、知识互补。

（4）学习小组长最好坐中间，方便组织讨论和检查组员作业。

（5）为了尽可能地让每一个同学能参与管理，每个小组配有组长、副组长、学科组长。组长抓学习，副组长抓纪律、常规。学科组长由本组单科最好的学生担任。学科组长负责本学科的学习工作，用以调动、激发每个学生的积极性。

（6）每个小组要设计自己小组的名称、口号、目标（小组以及个人）。每个小组制作一张卡纸，上有照片、成员名字、职务（如某人负责维持纪律、某人负责检查卫生情况、某人负责检查导学案的落实和作业情况）。

三、关于学习小组长

1. 学习小组长的定位

学习小组长的作用至关重要，学习小组长要切实为本组的学习负责，任劳任怨地为同学们服务，在服务大家的同时不断提升自己的素质。学习小组长是一组之魂。学习小组长的能力就是一个班级的学习能力。学习小组长的学习水平就是一个班级的教学水平，更是一个教师的教学水平。

2. 学习小组长的挑选标准

（1）态度积极、率先垂范。态度决定一切，学习小组长要以身示范，事事争先，处处起模范带头作用。

（2）学习习惯好，学习能力强。“要想帮助别人，首先强大自己”，每位学习小组长要有良好的学习习惯，能够自主学习、高效学习，自己站的角度一定要高，成为班级中的学习英雄或学习领袖。

（3）乐于助人、负责任。担任小组长的同学一定是最热心、最有责任心的，能主动帮助组内其他同学搞好学习，帮助基础差的同学提高成绩。

（4）组织管理能力强。学习小组长不一定成绩最好，但组织管理能力一定要强，能及时向班主任、老师反馈学生意见，向同学们传达老师意见，发挥好桥梁作用。

（5）集体荣誉感强。小组长要有强烈的集体荣誉感和上进心，不仅自己要争当优胜小组长、高效学习之星，还要率领本组争当优胜小组。

3. 学习小组长的职责

学习小组长负责维持本组同学的学习纪律，发挥管理、组织、检查作用。学习小组长要团结同学、帮助同学、组织同学，打造积极向上的学习团队，勇敢地担当起学习小组的学习领袖角色。

四、讨论、展示、点评各个环节的指导意见

1. 讨论要求

每时每刻都在主动参与，在小组长的组织下，组员全身心地投入学习中去。

（1）讨论要明确内容、时间要求、目标，指导学生一定要准确到位，分层目标也要明确。

（2）学科组长安排本组任务。具体布置每层的学习目标并组织组内分层讨论、分层达标；让每一个学生享受到学习成功的快乐。

（3）讨论要全员参与，坚决杜绝假讨论或不用心讨论。

（4）展示形式要灵活多样、不拘一格。可口头展示也可以黑板或书面展示。

（5）展示时对立姿、体态语言、说话语气都要规范要求，如学生声音要洪亮，不要啰唆，不要紧张，动作要舒展、大方；黑板展示书写一定要认真，字迹要工整，步骤要规范，效率要高；点评结束时要说“这个问题同学们都明白了吗？”“有问题请提出来”“谢谢”等。

（6）展示可提前公布内容，但不能公示由谁展示；口头展示要指定不同层次同学进行，不指名但分层，要脱稿展示。书面展示各小组同时展示，展示要围绕学习目标。

（7）教师要对学生的展示内容有所设计，确保展示的针对性和有效性。

（8）某位学生展示时，其他学生要动脑子，未到黑板前展示的同学要认真修订导学案，确保全体学生在展示环节都处于学习状态，有事可做。展示结束时都要掌声鼓励。

2. 点评要求

（1）学生对展示内容进行点评拓展，点评时要关注达标和结论生成过程，每个学生点评结束时都要问一下“这个问题同学们都明白了吗”“同学们还有补充吗”？其他同学可鼓掌表示赞同。

（2）老师、学生要在点评过程中进行即时性评价，对生成性问题和重点疑难进行启发、引申、拓展、追问，对知识进行深化、提升。

（3）及时评价：一评知识；二评情感态度；三评过程方法、肢体语言、声音洪亮、语言表达。学习班长每节课都要对学习小组进行总结性评价，一定要评价出最佳表现个人和最佳表现小组。

（4）课堂上教师对讨论的结果予以灵活点评和总结，点评内容可以是学生的思考角度、主要观点，可以是发言中的闪光点。它可以提高学生注意别人发言的内容，启发学生发现并吸取别人的长处。

五、小组评价机制

1. 课前评价

任课教师根据完成导学案的情况给每个学生打出A、B、C，分别积3分、2分、1分。小组轮流记录，如一组给二组记录，二组给三组记录……然后以平均分的形式计入小组量化，报给学科班长汇总。

2. 课堂评价

（1）展示。质疑评价体现基础性和公平性，如A层展示质疑且全对加1分，B层质疑且答对加2分，C层加3分。

（2）课堂小组发言。由各科教师酌情加分，原则上必答题答对加1分，抢答题答对加2分或3分。

3. 检测评价

学科检测成绩按比例给个人积分，成绩达到95～100分加6分，90～91分加5分，80～89分加4分，70～79分加3分，60～69分加2分，60分以下不得分。小组个人得分的平均分计入小组分数，由学科班长记录。

4. 日常综合评价

（1）小组内课堂、自习时大声喧哗、看课外书等做与学习无关的事情，减 2 分，对组长及组内领导提出批评。

（2）卫生：小组座位及周围地面乱扔垃圾者扣 1 分。

（3）内务：依照前一天的内务量化考核表，只要表上出现扣分者，减 1 分，若宿舍内纪律扣分，此宿舍每人所在小组减 3 分。

（4）凡有事不请假擅自行动者，一律按旷课处理，旷课、旷操者减 5 分，本人写出 800 字书面检查。

（5）早读状态可以根据任课教师和班主任评价对各组奖励积分或扣分。

（6）小组内出现课堂顶撞老师、不团结同学、打架斗殴等恶劣行为每人每次扣 20 分。

（7）迟到、早退，每人每次扣小组 1 分（早读为 6:50 之前，上午为 7:55 之前，中午范围 13:45 之前，晚饭后 18:10 之前）。

（8）小组内出现不交作业者，扣 3 分。

（9）凡学校组织的活动，积极参加者加 2 分，获一等奖者加 10 分，获二等奖者加 8 分，获三等奖者加 5 分。

（10）段考中整体进步较大的前三组分别奖励 10 分、8 分、6 分，若退步整体扣分。

六、奖惩制度

（1）学科代表及时记录，当晚和值日班长汇总当天小组得分，以便在段考的总评中进行汇总。

（2）每个星期进行一次小组得分汇总，根据分数评出三星级小组、二星级小组和一星级小组，并及时公布在班级墙的光荣榜上，起到鼓励和督促的作用，并拍出小组合影用于升级表彰，在光荣榜上张贴。

（3）由任课教师评出本学科“进步最大的同学”，并根据班级考评标准进行个人加分，再算到相应小组内，以鼓励小组内互帮互助，学科“优生拉弱生”。

（4）段考之后本组段考成绩和平时积分按七三比例折合总分进行表彰。

高中班级成员过生日制度

生日，对于每个人来讲都有特殊的意义，既是对来到这个世界的纪念，又是对生命的思索，也是对父母的感恩。许多同学远离家乡来一中求学，一个温馨的生日晚会对大家来讲意味着许多，有老师的关爱、有集体的温暖、有朋友的祝福。在这样的环境中我们不可能不感动，不可能不幸福，不可能不成功!

1. 每个班级都有自己的生日创新团队。开学之初，班内组织专门的生日团队，统计每位同学和老师的生日，负责设计创新生日形式，组织生日晚会。

2. 举办朴素、温馨的生日晚会。一般包括小组、舍友、朋友、老师送上生日祝福，唱生日歌，送礼物，过生日的同学发表感言，给父母打电话等环节，场面温馨，气氛感人。

3. 礼物是大家动手制作的小卡片、小工艺品，不送蛋糕、不买贵重礼品，过文明生日、节俭生日。

4. 给父母打电话的大致内容是：“亲爱的爸爸妈妈您好，今天是我的生日，您辛苦了，谢谢您，祝您身体健康，一切顺利！”

5. 生日在假期中的同学在开学后集体过生日，要做到一个都不漏。

团结合作，勤奋敬业，求实提高，创新发展

——教师的专业成长培训发言记录

今年是第一年招收高中生，也是第一次在学校培训，第一次与大家长时间交流，为了让大家有所收获，我思考了自己的专业发展，把自己从教33年来的成长感悟与大家分享一下。我认为想在学科教学上发展、专业素质上提升，必须在平日认真做事，扎实工作，积极主动地参与活动，如备好每一节课、上好每一节课，积极参加集体备课、优质课，教学能手的评选，等等。下面我结合自己的经历与各位教师交流一下，希望能够对在座的各位，尤其是青年教师的成长有所启发和帮助。

先简单说一下我的个人经历：1990年7月我毕业于昌潍师专，在集团工作至今；1991年获县青年教师讲课比赛第一名；2001年获县优质课讲课比赛第一名；2002年被评为潍坊市高中物理教学能手；2006年9月经学校推荐，县、市教育局两次评选，被评为潍坊市百优师德教师；2008年11月被评为首届山东省优秀物理教师；2012年8月被评为潍坊名师；2014年被评为潍坊市特级教师。2008年、2014年、2017年三次获得潍坊市人民政府教学成果奖。1994年至2011年担任班主任，1997年到2003年暑假，连续六年担任高三班主任，1999年至2000年担任复习班班主任，2005年至2008年担任实验班班主任，连续17年从事班主任的工作。自2003年暑假开学参与包级到2019年6月，16年担任包级主任，现全面负责我们学校的工作。

回顾我的成长历程，不管是在教学上还是在管理上，有四个要素至关重要——团结合作、勤奋敬业、求实提高、创新发展。

一、团结合作是四个要素的核心

凡是优秀的企业必定有一个集众人之志的团队。一个企业的成功绝不是领导者个人的成功，而是整个团队的成功。学校也是如此。当团队中的所有成员围绕共同目标全身心地投入工作，形成合力的时候，这个能量是巨大的。

回想我近20年的班主任工作经历，有三个作业组给我留下了极深的印象。这三个作业组都是面对困难，团结一致、迎难而上，最终取得了优异的成绩。

1999年，我参加工作整九个年头，学校安排我当复习班班主任。当时是两个理科

复习班——11 班、12 班，我担任 12 班班主任。开学时每个班只有七八个学生，没办法，只能自己出去找生源。否则，没有学生了，还当什么老师，班主任也就不用干了。当时，我和集团教师郭老师、孟老师每天早上 5 点起床出发，晚上 11 点回校。中午趁着学生家长在家午休，去做学生家长的工作。经常下午 3 点才吃饭。好几次我们到饭店吃饭时，老板问我们是吃午饭还是晚饭。在我的记忆中，晚上回来，饭店基本关门了。回家简单吃点就赶紧休息，第二天还要继续出去招生。在这过程中有三件事情我永远不会忘记。

（1）到马宋高家楼一学生家中，一共去了九次才说服他。最后一次到他家时是上午 9 点。他的父亲已经做好了饭，等我们吃饭。我们坚决不吃，家长拉着我们的手说不吃就不让带学生走。

（2）有一次招生到了高崖水库附近。当时温度达 35℃以上，实在热坏了。

（3）到学生家里动员学生到我校复习，和家长交流经常达两个小时以上。

经过我们一个月的共同努力。班里学生到了 70 人左右。当年教复习班的老师们围绕着“招生”这个目标，同心同德、同甘共苦，克服了种种困难把学生招来。费心招来的学生更要用心教，各科任课教师每节课针对复习生的特点，选好教学材料自己刻印蜡纸，提供了高质量的课堂。虽然底子薄，但高考“全面开花”，取得了优异的成绩。两个班都出了 42 个本科生。

2002 年毕业的应届七班，高二时成绩一般。进入高三，各科在平衡发展的基础上，突出英语学科教学，使强科更强。团队中的孙老师年龄很大，但是课后经常找学生谈话辅导。经过努力，高考时考出了优异成绩。上线 42 人，含 7 个体育生。任课教师团队成员有黄老师、孟老师、孙老师、张老师、冯老师。

2011 年毕业的九班，开始时基础非常差，年前 12 月考试和一模考试都是上线 4 人。这个班的特点是三大基础学科成绩一般，理综成绩非常弱。我们作业组经过集体研究，强调“补弱”，确定理综为突破口。唐老师、华老师克服孩子小、需要照顾的困难，利用周末时间，在班内辅导或单独辅导。高考时，理综成绩突出，提高了整个班级的成绩，最后重本上线 9 人。当时的任课教师团队成员有滕老师、田老师、王老师、崔老师、唐老师（华老师）、张老师、牟老师、刘老师、王老师、王老师。

每个作业组的成功都离不开各科备课组的集体努力，一直到今天，我们学校的备课组集体备课中，教师们积极参与、主动发言，经常为一个知识点的高效处理反复讨论，充分体现了团队合作的作用。我们要继承一中的优良作风，更加重视高效团队的打造，团结合作，搞好集体研究，用集体的力量争创更优异的成绩。

二、勤奋敬业是四个要素的立足点和基本点

它体现在我们每一个平凡的工作日，体现在每一个普通的岗位上。简单说就是干一行，爱一行，精一行，成一行。

在教学方面，我一直坚信“勤能补拙是良训，一分辛苦一分才”。为了上好每一节课，课前总是认真备课，然后去听老教师的课，听完后再反复琢磨修改，经过试讲、默讲后才走到讲台上，给学生上课。

我记得1990年暑假后我参加工作的第二周，时任校长张校长听了我一节课，内容是“弹力”，对我的评价是：效果一般，需提高。第二次即第一学期末、春节前，对我的评价是：小有进步，还可以。第三次听课时间是1991年上学期参加昌乐县青年教师优质课比赛前，听课内容为“牛顿第一定律”，听后评价是：大有进步、很好。张校长的评价也坚定了我的信心，结果在县里的讲课比赛中夺得第一名，当时评委打名次分，七个评委给我打了六个第一。能取得这个成绩，与物理组内所有教师，尤其与老教师的无私帮助是分不开的，无论是青年教师优质课、县优质课还是潍坊市高中教学能手课，他们都给了我很大的帮助。例如魏老师、郑老师、赵老师、张老师、王老师等。同时，自己认真钻研教材、针对教材特点设计教法、下功夫研究琢磨教学过程，也是非常关键的。想必参加过县优质课、市优质课等教学技能比赛的老师都有这样的体验。年前的市优质课评选就是很好的实例，老师们晚上备课到很晚，回家后继续思考，夜不能寐，不知不觉到了天亮。这是我们大家共同的感受。

考试成绩比较理想都是平时工作勤奋的结果。例如成绩理想班的班主任每天早上都赶在学生前面到教室靠班，学校很多老师都是利用晚上时间给学生批改学案和学生谈话，教师利用假期编制精品学案，等等。这都是勤奋工作的好例子。

三、四个要素中，求实提高是成长的永恒法则

世界上唯一不变的就是变。发展是硬道理，而要发展就必须接受新鲜事物。要接受新鲜事物，就必须学习，通过学习来武装自己，使自己不至于落后。

我有幸参加了几次外出学习。在外出学习中有三次对我影响很大。

（1）2009年年初，我同李校长、刘主任、李主任到杜郎口听课学习，亲身体验了“生本课堂”的魅力，即自主学习、合作探究、展示点评、达标检测的课堂模式。

回来后，我也逐步试用了一下，效果非常好，但也发现了一些问题。现在我们的课堂模式，应该是基本符合学生情况，具有实效的。我们根据学科特点，有模式而不唯模式，老师的讲课时间尽量不要超过25分钟，一定要给学生练习的时间，给学生讨论的时间，给学生总结的时间。教师上课的基本要求为六个方面：精神饱满，激情飞扬；出示目标，步步落实；讲练结合，夯实基础；小组合作，全员参与；拓展变化，提高能力；总结反思，当堂消化。七个环节包括检、讲、展、论、点、测、结。可以根据情况灵活运用，适当减少环节，只要有利于学生学习，有利于学生掌握理解知识就行。

（2）2010年，我参加了全国优秀班主任报告会。聆听了魏书生、任小艾、李镇西、冯恩洪等优秀班主任的报告，对班级管理有了进一步的认识。如班主任对学生的爱心是搞好班级管理的前提条件，让学生全员参与班级管理、自主管理、全班学生民主议事定班规，学生违纪后写自我教育说明书（不是检讨书）、坚持道德教育活动化等都是很好的教育方式。现在年级实行的值日班长轮流制、值日班长写值日感言，德育学分制与常规管理、小组建设相结合，都应用了上述的一些办法。

（3）到北京十一学校学习，我有三点感触。

①学校要“以生为本，学生第一”，学校的各项活动都可以让学生自主策划，参与全过程管理。

②课程整合非常重要。我校初中、高中教材衔接研究，语文科诗词教学中学案的整合编制。音体美、信息通用科，根据学科特点整合国家课程，通过活动完成整合的课程。这些都是课程整合理念的运用。

③进一步发挥考试的功能，重视“小学段”的学习。期中考试后有为时两周的小学段，学生进行自我总结，教师适时进行个别指导。

除了外出学习，我们还要注意平时在校不断学习。2012年8月，我在潍坊参加了“潍坊名师评选”活动。当时的评选程序是抽序号、抽课题，说课10分钟，答辩5分钟。在这次评选活动中，由齐鲁名师做评委，他们非常重视课堂模式和课堂实效。我之所以取得了良好的成绩，得益于我们学校平时集体研究搞得好，得益于我平时大量听课，也得益于我校的“学议导练”（自主学习，合作探究，教师引导，学生练习）课堂模式符合现在的学生特点。

同时，我们也要注重日常的读书和写作，努力钻研教育教学理论，提升自己的理论素养。在我校制定的岗位目标考核中，发表文章占有很大的比重。所以，大家一定要注重读书和写作，注重在日常教学实践中火花一闪的灵感，养成随笔记录，再反复思考的习惯，争取多发表文章。我在这些年里，有几篇拙作在市高考研讨会上交流，包括2001年的《注重基础教学，提高物理成绩》、2002年的《抓管理、重学法、提成绩》等。同时有多篇论文在国家级刊物《中学生物理报》和《班主任》杂志上发表，如2004年的《玻璃管中滴水银问题》和2010年的《学生缺乏上进心怎么办》。自制课件《游标卡尺的使用》在潍坊市课件制作比赛中获一等奖。

四、创新发展是四个要素的加速器

创新是一个民族进步的灵魂，是一个国家兴旺发达的不竭动力。变革创新就会充满活力，否则就可能变得僵化。

在教学方面，1991年青年教师优质课评选时，所授内容是牛顿第一定律，物理组组长魏老师和其他几位老师研究制作了伽利略演示仪，在课堂上收到很好的效果。2002年，我参加潍坊市高中物理教学能手评选，内容是磁感应强度。我们研究制作了安培力演示仪，受到市评委老师的高度评价。还有物理实验室中演示牛顿第二定律的双层小车，都是我们发挥集体智慧自己制作的教具。

在管理方面，我们高度重视家校结合、多措并举。在每次放假前，都发放“给家长的一封信”告知家长近期学校、年级的各项活动和措施。注重家长会的创新。在2013年寒假前的家长会上，两位班主任让家长给学生们颁发奖状，学生们非常感动。31班的孙老师、32班的徐老师两位班主任让任课教师刘老师等为学生颁发奖状，学生们备受鼓舞。

团结合作、勤奋敬业、求实提高、创新发展——这是我多年工作中的一点心得体会，希望能对在座的各位教师的发展有所帮助。实际上，团结、勤奋、求实、创新，也是我们学校的价值追求，悬挂在我们2号教学楼一楼的墙上，激励我们在平日工作中做好。

团结：团结起来力量大。团结就是心往一处想，劲往一处使，凝心聚力，尽职尽责，全力以赴提高教学能力，让学生健康成长，把学生培养成才。团队意识很重要，一个人不可能离开集体而发展，一个人可以走得很快，一群人可以走得很远。

勤奋：业精于勤荒于嬉，行成于思毁于随。一勤天下无难事。勤奋就是珍惜时间，精心备课，认真上课，批阅好学生作业，与学生搞好谈话沟通交流，搞好陪伴教育。求实：实实在在做事，做实实在在的事。求实就是要做到老老实实做教育，扎扎实实办学校，踏踏实实当教师，学习上求实，研究上求实，落实上求实，一切为了学生，为了一切学生，为了学生的一切，培养好每一个学生。

创新：创新才有活力，创新才能发展。创新就是在夯实教学常规的基础上，结合学生特点，学科特点，课型特点，立足学生掌握知识这个基本点，搞好创新，提高教学质量。

在这些年里，有三句话让我受益匪浅，在这里与诸位老师共勉。

（1）成功的教育源于爱。爱教育、爱教学、爱学校、爱同事、爱学生。爱学生是做一个好老师的前提。如果你不爱学生，你自己就把做一个好教师的门关上了。

（2）机会来自主动，优秀源于用心。机遇总是留给有准备的人。

（3）凡事绝不拖延，立即行动。对于安排的工作立即执行，养成习惯，会觉得工作越来越顺利，越来越有信心，游刃有余，得心应手。

高中部是一所新建学校，新教师较多，教师的业务能力亟待提高。7 月 11 日至 19 日学校对新教师从教学态度、团队意识、意志品质、班级管理、课堂教学等方面，通过听报告、远足、做游戏、课堂培训、制作课件等方面做了细致的培训，并且让每位教师都做了总结。我详细地看了每位教师写的总结，整体上都感觉收获很大，有不少教师写出了真情实感，写得很好。接下来，将重点针对工作态度、教学常规、班级常规管理，特别是学科教学层面进行培训；培训的方式为学校领导作报告，统一思想，凝聚核心价值观、学科教学指导、班级管理指导、新教师谈前期工作总结（开篇）；交流教师有语文刘老师、英语孙老师、物理杨老师、数学刘老师（招生总结）、政治董老师（与家长沟通），学科组长分学科指导，教师做一轮复习材料、说课。采用晨跑、每天写总结、考试等形式进行培训，保证每一位年轻教师都能够熟练地驾驭教材，根据教材内容，画出思维导图，总结到位，在上岗前做到心理上坚强、学识上扎实、教学上强大、真正帮助每一名学生不断成长。

针对本次培训我提出以下六点要求。

（1）学习态度积极。培训是最大的福利，要保证培训效果。刚才几位年轻教师与大家交流的心得体会，说出了真情实感，有实实在在的收获。说明他们学习时认真投入，学有所获，是大家学习的榜样。培训期间老师们着装要正规，深色裤子、浅色上衣，开学下发定制的服装。平时上班也必须着正装。

（2）学习时间保证。严格落实培训时间，严格遵守作息时间，每天必须写好总结。学校下发信纸，教师们要用信纸手写总结。

（3）教学常规扎实、备课、上课批阅学案、谈话等技能，要熟练掌握，认真落实。第一节课要讲内容，提兴趣，导方法，提要求，布程序，抓落实。

（4）说课流程熟练。每一位教师都要说课过关，学校领导小组全部听一遍，保证说课过关。可以说第一节课，也可以说前一周的一节重点课。

（5）教材内容熟悉。吃透教材课标，课标就是行路的指明灯、航船的舵。

（6）学科试题理解。考试要落实试题，闭卷考试。

刚刚成立的学校，年轻教师人数多，高一年级基本上是一位老教师带领几位年轻教师。当然，年轻教师中有不少是在外面培训机构和学校工作过，有一定的教学和管理经验，但也需要群策群力迅速提高教学水平。因此，集体备课非常重要。可以说，集体备课的成效直接关系课堂的成效，乃至教学质量。

为保证集体备课效果，不走过场，现对集体备课做如下要求。

（1）各学科每节课必须进行集体研究。集体备课做到三定四统一：定时间、定地点、定内容；统一进度、统一学案、统一课件、统一习题。研究时间由学科组长根据课表安排制定上报。

（2）集体备课前组长要准备好课件、学案，集体备课时要认真研究，修改后统一课件学案。

（3）集体备课时老教师要针对内容，说教学目标，说重点、难点，说教学过程，说难点如何突破。新教师要轮流逐个说课，对教学内容烂熟于心，灵活驾驭。

（4）学案要注意夯实基础，拓展变化，重在提升能力。

（5）要形成统一的课件、学案、上课思路。

（6）年轻教师必须在集体备课的基础上做到先备再讲、先说再讲、先批再讲、先听再讲、先签再讲。

新学期，新起点，新目标。新气象，新辉煌，祝愿大家生活愉快、工作顺利！

谢谢大家！

2019 年 8 月 1 日

立足实际强化管理，恪守师德教书育人

——春季开学全体教职工大会发言记录

人勤春来早，奋进正当时。高三和复读年级正月初五召开调度会，正月初六开始上网课。随着正月十一全体教职工大会的召开，我们本学期的工作正式拉开序幕。开学至今，各项工作运行平稳，开展顺利，无论是年级还是各处室都严抓实干，斗志昂扬。

根据上级要求，结合我校实际工作，我与大家交流以下三个方面的内容。

一、开局顺利，高效总结，反思提升

开学一周以来，无论是管理还是教学都取得了良好的开端，为我校新学期实现“走在前、开新局”打好了基础。

（1）值班管理更加细致，无论是班主任负责的班级内常规管理，还是年级、学校层面的值班工作以及值班人员的管理，都落实得很细、很实在，提高了我校常规管理水平，为学校教学管理进一步发展奠定了坚实的基础。

（2）学生进入学习状态比较快。在刚刚进行的高一、高二期末考试中，学生的状态调整得好，适应得快。

（3）在全体师生努力下，高二学业水平考试成绩可喜可贺，基本达到了100%的合格率，我校得到了上级的肯定和学生家长的认可。在艺术联考中，我校学生过关率达80%以上，涌现出了一批成绩优异，有望进入名校的学生。

在学校工作开展顺利的同时，希望大家在常规管理中注意以下三个问题。

（1）值班人员在值班期间要认真负责，及时到岗，尽心尽力，尽心尽责。一切工作都要实事求是，扎扎实实，踏踏实实，实实在在。切实做好值班工作，不应付不推诿。

（2）通校生要以年级为单位管理好，学生在校期间禁止隔墙递物，教师更要减少外卖和快递，相关部门作好检查，纳入常规量化管理中。

（3）各年级班主任晚自习后值班检查要迅速到位，全面具体。21:45集合，在相应的值班位置，做好不文明交往、校园欺凌、外卖等违纪检查，更要注意校园安全问题。

二、筑牢师德为基，立足教育为本

今天的动员大会全面传达了教育系统师德师风建设“十个一”专项活动相关精神，

下一步，学校将结合工作实际制定方案，切实将师德师风建设问题落实到位。

（1）重视师德建设，提升育人水平。“百年大计，教育为本；教育大计，教师为本；教师大计，师德为本。”教书育人，自己首先要做学问上的大先生，在道德和行动上，要有强烈的责任心，关爱学生、爱生如子，全面贯彻党和国家的教育方针，自觉遵守教育有关的法律法规，忠诚党的教育事业，始终要踏实务实，不走形式，不走过场。从整体情况来看，我校一直重视教师队伍的师德建设。在今后工作中，教师们言行上要与党和政府保持高度一致，传播正能量，体现老师敢为人先、以身作则的模范精神；和家长、学生交流的时候要言辞适当，注意沟通的方式方法；不能变相体罚或体罚学生，更不能有偿家教，或存在不正当师生关系。各位教师要时刻警醒自己，提高自身修养，提升教学能力，做有理想信念、有道德情操、有扎实学识、有仁爱之心的“四有”好老师。

（2）立足实际工作，践行师德楷模。植根于“作风大转变，招生大突破，质量大提升”三个工作重点，在作风上朝以下三个方向继续努力给学生做好表率：注重仪容仪表，进入课堂必须着正装，在校期间不要奇装异服、浓妆艳抹；工作期间减少手机使用，尤其禁止将手机带入课堂；关爱学生，落实好尽心竭力帮助学生的核心价值观，真正在工作中践行“育人为本、全面发展、因材施教、特长突出”的办学理念，与学生做好谈话谈心、沟通指导，帮助学生尽快进入状态。

（3）强化师德管理，打造教师队伍。学校在日常教学管理中及时做好检查、督促、评价，真正将教学管理量化融入评优树先活动中去，组织好学习师德先进典范、师德师风专项活动的开展。在各类评优评级中，要将师德前置。

三、增强服务意识，保障教育教学

（1）学校后勤保障有力，全方位为师生解决问题，真正落实主动服务、承诺服务、文明服务、优质服务、微笑服务、当天服务。

（2）高三和复读班立足一模考试，考前做好动员，考中做好复习回扣，考后做好反思评价落实；高二在完成常规教学的基础上，总结会考成绩，积累经验，研究好职高学生分流；高一重点落实好选课走班工作。

在今后的工作中，我们要借助县教体局和学校师德师风大转变、大整顿、大提高的契机，进一步自我加压、自我提升，在师德师风方面做楷模、做典范，规范教学管理，提升教学质量，打造一支高素质的教学队伍，为昌乐一中北大公学高中辉煌的明天贡献自己的力量！

2023 年 2 月 10 日

2021年元旦致辞

尊敬的各位家长、各位老师，亲爱的同学们!

大家好！时光荏苒，岁月如梭，2021年马上就要到了，一元复始，万象更新，在元旦来临之际，祝大家合家欢乐，万事如意，心想事成，学习进步！

一年来，我们过得很自信、很坚定、很踏实。国家的发展日新月异，我们都记得，2020年12月17日，嫦娥五号返回器携带月球样品成功着陆，中国探月工程“绕、落、回”三步走规划如期完成。我们也记得，“奋斗者”号全海深载人潜水器成功完成万米海试。这些都说明我国坚持科技自立自强、创新取得了重大进展。

我们记得假期中，全体教师认真备好课、上好课，关爱每一名学生；多次给学生寄材料，保证最佳学习效果；打扫宿舍、教室，搬桌椅，准备材料，保证同学们按时开学。高三班主任陈老师、李老师、王老师和冯老师全程陪伴学生，与学生一起吃住，每天还要上近八节课，为了学生的成才兢兢业业，认真付出；王老师，作为两个孩子的妈妈（一个三岁，一个五岁）毅然全过程参与学生的学习；李老师生病了，但没有给学生耽误一节课；徐老师、刘老师的孩子都还小，但都放下自己的孩子，舍小家顾大家，时刻陪伴学生成长，精心培育学生成才。

我们记得班主任田老师深夜送学生到医院看病陪床的情景；化学组李老师深夜与组内教师一起研究的情景；英语组庄老师晚上与学生谈话时的真情；语文组刘老师辅导学生时的认真。

同学们一定清楚地记得，开学报到时与父母依依惜别的情景；一定记得军训时挥汗如雨的执着；一定记得跑操时嘹亮的口号和整齐的步伐；一定记得运动会开幕式上精彩的创意展示；一定记得考试取得好成绩时的得意；一定记得考试成绩不好时的不如意；当然也记得老师、同学对自己无私的帮助。

所有这一切构成了2020年我们的美好回忆。一分耕耘，一分收获，天道酬勤，成果丰硕。

我们取得了首届新高考开门红，名校录取学生多，唐同学等被全国一流大学录取，唐同学现在在清华大学就读；本科上线率高，本科上线率稳居全县第一，达到了94.87%；学生提升快，高三年级学生平均提高70多分，高一年级和高二年级学生成绩稳步提升，提高率全县第一。

回忆过去，我们豪情满怀；展望2021年，我们信心百倍！在2021年里希望同学们做到以下三点。

（1）做一个懂得感恩的人。我们学校在工作中一直倡导，师生要做到团结、勤奋、求实、创新。做一个感恩的人，要落实在行动上。例如：光盘行动，就是感恩每一个付出劳动的人。我们坚持不懈，共同创造良好的生活环境，就是感恩劳动者。总之，我们要感恩老师、感恩父母、感恩同学，感恩一切帮助我们的人，感恩我们的国家。

（2）做一个严于律己的人。同学们一定要严格遵守常规管理规定，在课间操、两睡、卫生、自习纪律等方面严格服从班级管理，遵守班级规定。严于律己，养成好的生活和学习习惯。前一段时间，我们进行了跑操比赛，同学们都展现出了良好的精神风貌。这段时间宿舍的卫生非常好，宿舍地面整洁，被褥叠放整齐。这都说明同学们在成长，在逐步健全自己的心灵，养成良好的习惯。

（3）做一个勤奋学习的人。现在高三年级的同学面临2021年1月8日的英语听力考试，还有期末考试。高二年级的同学面临学业水平考试，还有期末考试。高一年级的同学面临期末考试。每个年级的同学都有自己的学习目标和任务。同学们在平时要珍惜时间，注重学法，努力学习。争取在每一个时间段都有所成长，在各类考试中都取得优异成绩。

同学们有老师的帮助、有家长的支持、有自己的努力，相信你们，在2021年一定会百尺竿头，更进一步，取得理想的成绩！

谢谢各位家长，各位老师，谢谢同学们！

2020年12月30日

自此东风绽百花，世界因你而精彩

——教师节校长深情送祝福

尊敬的老师们，你们好！

在第 37 个教师节来临之际，祝大家节日快乐！

看那一张张日历，在春夏秋冬中翻转，转瞬间，我们建校两年了。

两年来，我们顺境不骄，逆境不馁，有成功的喜悦，也有探索的艰辛；面对困难，我们愈挫愈坚，勇敢前行，取得了优异的办学业绩。

两年来，我们在教学和管理中一切为了工作，一切为了教师，一切为了学生。

两年来，全体领导干部以身作则，率先垂范，得到师生的高度肯定。

两年来，全体班主任多少个黎明牵着朝霞作伴，多少个黄昏带着星星归还，得到家长的充分信任。

两年来，全体组长担当重任，争先创优，带领着青年教师去沉思、去开拓、去呐喊。

两年来，全体教师兢兢业业，立德树人，在滴滴汗水里，把育人的天职谨记，用青春和热情，去坚持、去探索、去磨炼。

两年来，教师和学校得到了党和国家的肯定与认可。一分耕耘，一分收获，天道酬勤，成果丰硕，我们取得了优异的教学成绩。

连续两年高考成绩优异：学子高飞，地灵人杰。

高三成绩卓越，高一高二也不遑多让，学校和教师得到了党和政府的积极肯定，学校荣获 2020 年度昌乐县教育工作突出贡献奖……

忆往昔，我们踌躇满志；展未来，我们豪情满怀。我们将抓住机遇乘势而上，再接再厉、再创辉煌。

前进道路上，定会遇到问题，我们将正视问题、解决问题。

前进道路上，定会遇到困难，我们将愈挫愈勇、只争朝夕。

“从来业绩酬辛勤，自此东风绽百花。”越是艰险，我们将越是向前，在清辉不老的月光下，我们的誓言依旧铿锵。我们将不负韶华，砥砺前行，创造学校灿烂辉煌的未来！

我们的党走过百年依然年轻，我们的学校成立两年青春正好。相信有光荣伟大的党的领导，有全体教职工的共同努力，有各位家长的强力支持、有社会各界的大力帮助，我们一定会百尺竿头更进一步，创造学校灿烂辉煌的明天！

在此，祝我们伟大的党永远年轻！祝我们亲爱的祖国繁荣昌盛！祝我们的学校越办越好！

老师们，这里因有你们而精彩，你们是东风，绽放了百花，谢谢你们！祝大家教师节快乐！

2021 年 9 月 10 日

青年教师联谊会、生日会及助力高考活动发言记录

尊敬的各位教师，大家好！

微风习习，心情舒畅。今天晚上我们在这里隆重集会，举办“教师生日会，助力高考，助力青年教师早日成家”活动。

我首先代表学校祝过生日的老师生日快乐，生活蒸蒸日上！祝全体教职工身体健康，万事如意，心想事成！同时，借这个机会，我和大家分享一下此刻的感受。

（1）发展是硬道理。我清楚地记得，2019 年教师节的时候，我们举办了第一届教师生日会。当时学校教职工人数共 79 人，经过了四年的发展，现在学校教职工人数突破了 200 人。暑假以后，我们的人数将达到 260 人左右。我们的成绩、我们的规模、我们的教学、我们的管理，得到社会各界的充分肯定和高度认可，相信老师们也感到非常的骄傲和自豪。我们办学的四年里，多名同学被清华大学录取，高三成绩卓越，高一、高二年级也不遑多让，学校和教师得到了党和政府的积极肯定。这都是全体教职工共同努力的结果，在此对各位的辛勤付出表示衷心的感谢！

（2）助力高考成功。再过 21 天就要高考，今天下午包水饺的活动，我也全程参与了，主要是后勤职工和高一、高二的教师及领导，体现了助力高考及“团结友爱，携手共进”的主题。希望每一位教师今晚能够吃好喝好，特别是高三的教师，也要体会到我们学校对高考的高度重视，全校助力高考直至成功。

（3）助力教师成家。我最希望看到的就是夫妻都是我们学校的教师，这是让我们高兴的事情。没有对象的同志要尽可能地在我们学校里找对象，这几年成双成对的数量还须提高，从 2019 年到 2020 年成了将近 10 对，现在一年也就成个五六对，希望我们举办的这个活动能够起到助力青年教师成功找到对象，让大家能够成双成对，成家立业。没有对象的年轻教师，要和同事多交流、多沟通，争取早日成家立业。各年级也要给青年教师创造机会，要全力地支持，多多配合，促使年轻教师在学校内部成功配对。

最后，我希望大家撸起袖子加油干，共同助力学校发展，创造新辉煌！

谢谢大家！

2023 年 5 月 17 日

第二篇　教学管理育人

——长风破浪会有时，直挂云帆济沧海

本篇由两个章节组成：第三章多元课程，第四章高效课堂。通过多元化的课程体系和高效课堂，为学生提供全面发展的机会和优质的教育环境。

第三章　多元课程

学校不仅要开全、开足国家课程，还要创新实施校本课程。尤其是针对新高考形势的改变，开足了20多个组合，满足了所有学生的选科要求，特色育人效果突出，多元课程实施卓有成效。

（1）落实国家课程，实现全科、全程、全员、全面育人。

（2）创新校本课程，如新闻壹周刊、书法、美术、音乐、体育等社团课程正常开展，成为学校素质教育亮丽的窗口，为学生全面发展提供空间。

（3）根据高考要求，满足学生选科需求，开齐、开全20多个组合，为学生成长创造机会，为学生健康成长装上发动机。

（4）直至高考，坚持每周上体育课，上午和下午各有半个小时的跑操时间，保证学生锻炼身体，放松身心，有良好的身体素质，以更高的效率投入学习中。

（5）活动育人。如国旗下讲话、开学典礼、运动会等都以课程的形式开展。国旗下讲话结合实际、结合时政、结合学生发展状况，由领导、老师、学生进行演讲，全程脱稿，慷慨激昂，达到了好的效果。

立人为本，德育为先，培根铸魂，启智塑人

“才者，德之资也；德者，才之帅也。”人无德不立，育人的根本在于立德。德育教育是中小学素质教育的重要组成部分，对青少年健康成长和学校工作起着至关重要的作用。青少年处于世界观、人生观、价值观尚未定型的时期，可塑性强，扣好人生第一粒扣子至关重要。而学校的德育直接关系着学生价值观的养成，这就需要将德育放在更加重要的位置，真正做到“立人为本，德育为先”，让学生牢固根植社会主义核心价值观，“德智体美劳”全面开花，把学校立德树人的根本任务落到实处。

一、加强教师队伍德育建设

德育的关键在于人，学校德育活动的组织、德育效果的凸显都离不开德育队伍的建设，即教师队伍的建设。教师应当具有正确的育人观念、高尚的人格魅力、铸魂育人的教育能力、勇于开拓的创新精神。

学校为推动思政育人，坚持党建统领，充分发挥党组织的政治引领作用，加强学习，让教师坚定“立德树人”的根本任务和“为党育人、为国育才”的初心和使命。思政教师是学校德育教育工作的主力军，学校通过培训加强育人责任意识和能力素养，开展以老带新、专题讲座等活动，促进教师成长。建立“联合教研共同体”，集体备课、共同研讨，让各位思政教师集思广益、拓宽思路，提高德育课理论和教学实践水平，推动德育教师队伍发展。将德育课程作为重点课程加强建设，提高学校德育工作的实效性。

班主任作为班级事务的组织者和引领者，是学校德育工作的骨干，是德育工作的重要环节。在班主任专业发展上，我校以科学理论为指导，以“老”带“新”加快班主任队伍建设，调动班主任育人的积极性，在日常工作中言传身教、以身作则，潜移默化地促进学生培养良好习惯。同时，引导学生以榜样、典型的力量强化自身德育发展；坚持正面教育，因材施教、严慈相济、循循善诱，尊重学生，积极鼓励学生、引导学生正向评价自己，提高自身德育素质；策划主题班会和德育教育活动，提高学

生思想认识，针对各个时期的新问题、新情况，与时俱进地探索德育新方法，丰富德育新形式。

加强师德师风建设，恪守职业道德规范，通过师德教育树立全员育人的思想，加强教师育人观念。

二、创新德育教育模式

社会各方面对于加强德育工作的期待推动德育教育工作创新，积极探索新时期德育工作的特点和规律，创新德育工作的方法和途径，是增强德育工作的针对性和实效性，革新德育观念和形式的必由之路。

我校坚持理论与实践相结合，在学习思政课的同时，学校统筹设计德育活动，通过升旗仪式、国旗下讲话、爱国主义教育、节日活动等形式，让学生在活动中得到锻炼，达到活动育人的目的。我校建设“四史教育博物馆”，推进历史文化学习，增进学生家国情怀；开发科技农场，为学生提供实践基地，让学生在劳动教育中获得成长；举行科技节、体育节等活动，发展学生个性，全面提升德育素养。

抓好学生社团队伍建设。通过开展球类、书画等丰富的社团活动，使学生成为德育活动的主人，拓展育人功能，营造积极向上、团结和谐的氛围。

校园环境作为德育教育的载体发挥着环境育人的重要作用，在学校文化展板等区域设计展示与德育相关的内容，形成有文化底蕴的校园氛围，打造特色校园德育环境，推动校园德育文化建设。

课堂作为德育教育的主阵地，要时刻将学习科学文化知识和德育教育相结合，在课堂教学中落实立德树人的根本任务和学科素养核心目标。在学科教学中，教师们进行专项案例研究，结合生活实例，在课堂上做好良性互动，深入落实学习目标，培养学生合作探究能力。重视学生多元思维培养和价值观培育，让学生养成严谨、规范、求知的核心素养和能力，发展学生的语言能力、文化意识、思维品质和学习能力。尊重学生在学习中的主体性，对学生学习成果作好正向评价，促进学生发展。经过不断地实践和改进，将德育元素融入课堂中，实现德育教育与学科教学完美契合。

三、以美育促德育

建校两年来，我校始终将美育工作放在关系教育全局发展的高度，坚持“崇德尚艺、以美育人”的育人方针。积极推进美育改革，探讨新形势下践行教育立美，将美育贯穿于学校教育全过程的新途径、新方法，达到以德育美、启智塑人的目的。

成立美育工作小组，确保美育工作开展。制订美育教育发展规划，确定美育课程目标，以艺术课堂教学为牵动，促进学生全面和谐发展。丰富美育课程内容，形成学校美育特色，开展多彩美育活动，搭建立体开放平台，开展艺术文化节日、文艺会演、艺术作品展览等活动，提升校园文化发展，培养学生发现美、鉴赏美、创造美的能力，让学生在活动中提升综合素质。落实特长培养，促进学生全方位发展、多元化成才。

我校坚持开展文学阅读指导，在阅读中提高学生的审美能力，从而正确认识真善美、假丑恶，使心灵得到净化，使情操得到陶冶。学校图书馆图书种类齐全，每周固定时间由语文教师指导阅读，引导学生在阅读中感受中华优秀传统文化、革命文化、社会主义先进文化的魅力，从而达到拓宽学生视野，提升学生德育素养的目的。

德育教育是新时代的必然要求，而学校对德育的重视仍需在体制、观念、实施、组织等方面不断改进。我们要乘势而上再扬帆，要牢牢把握立德树人的根本，提升德育教育效能，把德育内化为学生自身发展的动力，为学生成长筑牢坚实的价值底座！

学校德育可以大有作为

学校德育直接关系到学生是否具备优秀的道德品质，直接关系到学生将来的发展，直接关系到国民的素质和国家的未来。如何把学校德育落实到平日的教学和管理中，把社会主义核心价值观落到实处，达到教书育人的效果，是每个学校都面临的实际问题。我们在平日教学中对学校传统德育弊端进行深刻的反思，采用经验总结与理论分析相结合的方法，提出新的德育理念，转变教师的教育理念，提升教师素质，积极探索中学生思想道德品质形成的科学规律，构建新世纪德育内容体系，力求探寻科学合理的德育实效方法、途径，特别是把德育和学校平时开展的活动联系起来，避免不起任何作用甚至是起反作用的空洞的说教。通过开展一系列的活动，把思想教育寓于一系列学生乐于参加的实际活动中，达到化虚为实、内化于心、外化于行的效果。

学校教育在知识的汲取上占有优势。学生成绩的好坏、能力水平的培养，学校教育起决定作用。但教育的最终目的是“教书育人”，育人离不开家校结合。现代教育不是一个孤立、封闭的过程，而是开放的、现实的、全方位的社会活动。任何学生的成长都离不开三个环境，即家庭、学校、社会，并且这三个环境不可相互替代。学生是在学校、家庭以及社会的共同影响下成长的。家长养育孩子，教会他们说话、走路，是孩子们的第一领路人。老师教会学生文化知识和做人的道理，那就是第二领路人了。这两种领路人，必然需要沟通合作。

苏联教育家苏霍姆林斯基曾说过：教育的效果取决于学校和家庭教育影响的一致性。如果没有这种一致性，那么学校的教育和教学过程就会像纸做的房子一样倒塌下来。学校教育和家庭教育是密不可分的两大平台，只有家校紧密相连，才能教育出全面发展的学生。老师与家长要多沟通，及时了解学生的动态，根据每个学生的个人情况，从实际出发，共同商讨适用的教学方法才能有效完成教育使命。学生的很多特点家长并不完全了解，学生的许多习惯老师也并不完全掌握，所以家校必须紧密结合，深入细致地沟通。

为此，我在学校管理中尝试建立了一系列家校沟通制度，如家访、给家长的一封信、飞信、QQ、微信等方式，有效促进了教师和家长相互沟通，取得了好的教育效果。

高一新生从入学开始，班主任对学生的管理就注重思想品德教育。在对学生的思想教育方面，从开学第一课——军训开始，我们就利用晚上的时间播放视频《国庆阅兵》和焦波拍摄的感恩父母教育视频对学生进行爱国主义和感恩教育；在每次的班会中班主任对学生进行思想教育也是必要内容；在年级召开的级会中，也结合大量的事例对学生进行了责任感和爱心方面的教育；在教师按照全员育人导师制安排与学生谈话时，思想交流也是很重要的内容；在班主任组织的学情会商制度中也非常关注学生的思想发展，发现问题及时对症下药，予以引导解决。

年级要求每个班级依据《学生德育学分认定办法》在班内征求意见的基础上，每个班级都制定了非常详细的符合班级实际情况的班规，做到了每个班级都有班规、有班训。由于是学生自己制定的规章制度，学生落实起来也非常自觉，保障了学生良好习惯的形成。

为落实育人为本，加强学生全员参与管理班级的积极性，激发学生的班集体主人翁责任感和集体荣誉感，年级要求实行值日班长轮流制和值周班长轮流制。值日班长每天办好四件事：写好黑板上的格言，填好班级日志，处理好一天的日常事务，写好值日班长感悟。值周班长每周负责总结一周的班级常规管理情况。从落实情况来看，对于班级管理和改善师生关系，特别是教育学生形成良好的道德品质都收到了非常好的效果。

立德树人强基铸魂，为学生终身发展奠基

——昌乐一中思政育人纪实

2019年9月昌乐一中正式投入运营。学校由集团投资建设，是一所寄宿制高级中学，由总校派驻教师全面负责教育教学管理，与总校文化同根、理念同源、目标统一、行动同步。

坚持为党育人、为国育才是教育事业的神圣使命。建校以来，学校始终秉承自强不息、追求卓越的精神，遵循弘德、博学、笃行、创新的校训，以素质教育为主线，夯实质量立校、创新兴校、管理强校，全力推进“学生成才、教师发展、家长满意、社会推崇”办学目标的落实，凝心聚力打造教风正、学风浓、质量优的昌乐教育新高地。

培养什么人、怎样培养人、为谁培养人是教育的根本问题。说到学校思政育人的落实，坚持强基铸魂，夯实青少年学生思想道德建设基础，努力培养“德智体美劳”全面发展的建设者和接班人，让学生在高中阶段得到全面发展，健康成长，能升学、能成才是我们的朴素追求和努力方向。

在推动思政育人目标落实方面，学校坚持党建统领，“党、团、队”一体化开展思政工作。注重加强组织建设，充分发挥党组织的政治核心作用，在各级部、党员教师和青少年学生中着力开展以铸造“红色堡垒”、争创“红烛先锋”、引领“红心向党”为主要内容的“三红”工程。例如，团委开展“少年志，家国情，传承五四精神”主题团日活动；各党支部充分利用支部生活日等有利时机，用好“学习强国”“灯塔－党建在线”等平台，开展思政教育理论学习。在党员教师队伍中开展“入党为了什么、为党做了什么”大讨论和演讲比赛，让“立德树人”根本任务和“为党育人、为国育才”的初心和使命入脑入心。

注重强化思政队伍建设。建立思政课教师“联合教研共同体”，优化资源配置，实现资源共享，思政教师集体备课，共同研讨，精心策划教学设计，努力实现“取其之长，补己之短”，着力打造合作、共享的教研文化，推动思政教育的研、学、思、践，

进一步提高思政课理论和教学实践水平。

创新开展思政教育活动。学校在学年初统筹设计思政教育活动，结合实际设计形式丰富、符合学生年龄特点的思政教育活动。在疫情防控期间，学校围绕“弘扬抗疫精神，筑牢家国情怀”这一主题，组织学生开展社会主义制度优越性大讨论，进一步坚定了四个自信。建党百年华诞之际，结合党史学习教育进校园，开展校园红色歌谣传唱和建党百年“读书交流会”等活动，让学生贴近生活，切身感受百年来中华民族自强不息的奋斗史，厚植热爱祖国、热爱党、热爱人民、热爱社会主义的情怀。

贴近生活，开好“时政大讲堂”是学校提升学生政治素养的有效举措。每周末定时、定点开展“时政大讲堂”活动，以“重大时政专题学习”为主要内容，组织思政课教师对我国在各领域所取得的辉煌成就、重要时事政治、国际热点等问题进行宣讲解读，强化思想引领，让学生既能传承红色基因，又能紧跟时代步伐。学校还建成了全省首家“四史教育博物馆”，使学生了解历史，增进家国情怀；开发了科技农场，为学生提供劳动实践基地，举办科技农场丰收节，加强对学生的劳动教育；开设中医中药课程，让学生了解传统文化，丰富医学知识；“五老”志愿者来校宣讲，传播红色文化，加强青少年思想道德建设；举办校园科技节，发展学生个性，培养学生科技创新素养；举办“菊花节”，感受学校的环境育人氛围和浓厚的红色文化气息；开展军训活动，提高学生国防意识，振奋民族精神，增强民族责任感。另外，学校近年来先后十余次组织全体党员、青年教师和学生到省党史陈列馆、济南战役纪念馆、孟良崮战役纪念馆等党性教育基地参观学习，红色研学，接受党性洗礼，坚定理想信念。学校和课堂内外相结合，理论学习与实践体验和谐统一，把思政育人、立德树人落到实处，让思政课“活”起来，提升思政课铸魂育人的效果。

建校几年来，学校教育教学质量连年攀升，为每名学子提供适合的教育。学校上下勠力同心、师生同欲、团结奋斗，在社会各界、各级领导的支持下，取得了优秀的工作业绩，满足了社会的期待与各级领导的期许。今后的工作中，我们将再接再厉，继续不负期望，力争创造更辉煌的成绩！

弘扬传统文化，厚植家国情怀

——“国旗下”发言记录

春回大地，万象更新。回顾过去的一年，是极不容易、极不平凡、极了不起的一年，我们国家在党的领导下，擘画了新时代发展的宏伟蓝图，以中国式现代化全面推进中华民族伟大复兴，国民经济稳定发展，人民幸福，国泰民安。

2023 年寒假的贺岁档电影取得了不俗的业绩，特别是张艺谋导演的电影《满江红》，票房达到了 45.44 亿。这部电影人物丰满、语气诙谐、情节反转，引人入胜，用实力证明了“悬疑管够，笑到最后”，抓住了观众眼球。特别在电影的最后，全军复诵岳飞的《满江红》，气壮山河、澎湃激昂，更是将剧情推向了高潮，激发了观众的强国情、爱国志。

电影《满江红》的成功，在于它将传统文化搬上了大荧幕，以“小人物”的视角切入，通过他们的牺牲和大义，雕刻了大时代下普通人的信念与坚持。既体现了历史的厚重和文化的传承，又体现了不屈的精神和民族的气节。

而回到当代青少年本身，弘扬家国情怀，就要践行社会主义核心价值观。社会主义核心价值观对国家、社会和个人提出了明确的价值目标。

作为中华儿女，爱国是我们义不容辞的责任。现在我们深切地感受到祖国的强大，更为祖国感到骄傲和自豪。每一个中国人都应该用实际行动，以振兴国家为己任，爱我们的国家。对于我们来说，爱国就是爱我们美丽的校园，爱我们的班级，爱我们敬爱的老师和朝夕相处的同学。从古到今，涌现出无数的仁人志士，都是我们学习的榜样。认为“天下兴亡，匹夫有责”的顾炎武，提出“苟利国家生死以，岂因祸福避趋之”的林则徐，顽强拼搏、祖国至上的中国女排，都是我们学习的榜样。现在我们能做的就是静心学习，学得本领，将来祖国需要时能够挺身而出，有能力报效国家。

敬业对于教师来说就是教书育人，帮助每一名学生成长进步；对于同学们来说，最重要的就是要珍惜时间，刻苦学习。电影《满江红》的导演张艺谋也导演了 2008

年北京奥运会和2022年北京冬奥会的开幕式，他非常注重学习，研究传统文化，正因为他基于传统文化的一次次创新和提高，才取得了一次又一次的成功。在电影《满江红》拍摄期间，每天晚上收工后，他都会总结一天的成功之处和存在的问题，这种精益求精、勤奋钻研的习惯非常值得我们学习。

诚信就是要做到实事求是、踏踏实实，说真话、做实事。人无信不立，业无信不兴。不管是与人交往，还是学习与考试，都要养成说实话、做实事的好习惯。

友善就是要有爱心，懂得感恩。哈佛大学对“人生赢家最可能是什么样的人”这个问题持续进行了76年的研究，得出的结论是：人生赢家是有爱心，对人友善，懂得感恩的人。感恩学校创造的好条件，养成良好的卫生习惯，宿舍和教室都要干净整洁，日常生活中主动捡拾垃圾，“捡拾一块垃圾，净化一次心灵”；感恩农民辛勤劳作，养成就餐时光盘的习惯，爱惜每一粒粮食，做到光盘行动，就餐后桌面干净整洁，体现我们学校学生的良好风貌；感恩父母辛苦培育，就要杜绝玩手机、吸烟和不文明交往等现象。同学们现在正是学知识、长身体的时候，不要浪费自己的宝贵时间去做对自己身心健康不利的事情。

我们更要养成尊敬老师的习惯。见面问老师好，积极主动地完成老师安排的任务。生活上，团结同学，同学有困难时主动伸出温暖的双手；学习上互相帮助，耐心为同学讲解习题。这些都是对人友善的表现。

“潜龙在渊，蓄势腾飞。”与时代同行，方显少年本色，各位同学要积极践行社会主义核心价值观，心怀感恩，遵规守纪，自强不息，追求卓越，为实现中华民族伟大复兴贡献自己的全部力量！

2023年2月16日

养成好习惯，造就好人生

——“国旗下”发言记录

老师们、同学们：大家上午好！

今天我与大家交流的内容是：养成好习惯，造就好人生。

学习是学生的天职，对于我们来说，最主要的任务就是搞好学习。作为一名中学生，要取得优异的成绩，就要培养两个习惯，即良好的生活习惯和学习习惯。好习惯是一个人储存在神经系统的资本，养成一种好习惯，一辈子都用不完它的利息；养成一种坏习惯，一辈子都还不完它的债务。

良好的生活习惯是人生成功的基础。要养成良好的生活习惯，我对同学们提出以下三点建议。

1. 按时作息及时就餐的习惯

同学们现在正是长身体的时候，学习任务也比较重，必须保证良好的休息和营养。按时作息，要提前回宿舍搞好洗漱，铃响即静，不提倡开夜车、不早起，保证良好的两睡质量。每天按时就餐，必须吃好早餐，喝足热水，不喝冷饮，不吃垃圾食品，从而保证身体健康、精力充沛地投入学习。

2. 持之以恒的锻炼习惯

10 月 15 日、16 日我校将举行秋季运动会，我们要借运动会召开的东风，加强锻炼，为班级争光。更重要的是，我们在平日要上好课间操和体育课，养成持之以恒锻炼身体的习惯。每一位同学都要有自己喜欢的运动项目，享受运动的快乐，保证良好的精神状态。

3. 养成良好的卫生习惯

学校的环境优美、整洁、温馨，需要我们大家共同来维护，不乱扔垃圾，并自觉捡拾校园中的杂物。要讲究个人卫生，教室书籍要整齐摆放，宿舍床铺要保持整洁，地面常清扫。今年暑假学校对宿舍进行了大的改建，校容校貌有了较大的好转，我们要珍惜。同时，我们大力提倡捡拾垃圾，净化心灵，彰显我们一中人的良德。

要养成良好的学习习惯，同学们需要做到以下六个方面。

1. 制定目标，落实计划

凡事预则立，不预则废。每个同学都要根据自身情况，制订学习目标和学习计划，严格要求自己，力求做好。

2. 珍惜时间，主动学习

爱因斯坦说过，人和人之间的差别在于闲暇之余的利用。有很多刻苦学习的同学，给我们树立了很好的榜样。即将到来的十一假期，希望同学们在调整身心的同时，加强读书学习，为成绩提高打下坚实的基础。

3. 认真听课，积极参与

我校考入清华大学的李猛，总结自己在中学阶段的学习经验时，感觉最重要的一点就是：课前搞好自学，课堂上认真听课，听课时紧跟教师思路，抓住重点，提高听课效率。

4. 注重规范，限时训练

认真就是能力，规范就是水平。同学们可以反思一下自己的历次考试，答卷是不是合理规范，是不是由于粗心丢了分数，时间分配是不是合理。这些方面只有平时注重规范，搞好限时训练，包括书写、运算、细心等，才能在考试中不丢分。牢记：功夫在平时，功到自然成。

5. 注重总结，勤于思考

平日学习和每次考试过后，希望同学们根据自己的作答情况，具体到每一科的某一类题型，在典型习题本或纠错本上作好总结，通过总结、反思提升自己的实力。平日考试，贵在发现问题，查漏补缺。特别是针对平日学习或考试中暴露问题比较多的知识点，更要注意总结思考，做到日清周结，养成勤总结、善思考的好习惯。

6. 重视阅读，提高素养

每个班级都有读书角，书籍丰富，有关做人、学习的图书都有很多，同学们一定要多读书、爱读书，通过海量阅读，培养语感、涵养品德。

同学们，自古英雄多磨难，通往成功的道路是艰难曲折的，顽强的意志可以克服学习上遇到的困难，知难而进，是取得成功的重要保证。在里约奥运会上夺得冠军的中国女排，在小组赛极为不利的情况下，不抛弃、不放弃，凭借顽强的意志，哪怕只有百分之一的希望，也付出百分之百的努力去拼搏，最终完美逆袭，获得冠军，给我们上了生动的一课。希望同学们学习女排精神，胜不骄、败不馁，用顽强的意志克服学习上的一切困难。

同学们，“播下一个行动，收获一种习惯；播下一种习惯，收获一种性格；播下一种性格，收获一种命运”。只要用心做，有毅力，相信好的习惯就会养成，就能造就成功精彩的人生。

谢谢大家！

2016 年 9 月 26 日

让习惯符合制度，让制度成为习惯

——“国旗下”发言记录

老师们、同学们：

大家上午好！

常言道：没有规矩，不成方圆。同样，没有制度，不成校园。本学期为贯彻落实“文化兴校、制度立校、质量强校”的指导思想，学校完善了各处室管理职能体系，教育处负责学生的管理，并制定了班级量化、学生违纪处分条例、教室可视化标准、宿舍可视化标准等相关制度，进一步加强学校精细化管理。今天，我就制度立校、习惯强身等方面的内容与大家交流一下。

大家都知道，习惯形成性格，性格决定命运。对于渴望成功的青少年来说，一个良好的习惯能够让你在乘风破浪时增加竞争力，使你变得更加出色，帮你赢得更多的机会；而不良的习惯则可能会让你失去机会，让你与成功擦身而过。所以，我们在日常的学习生活中要养成以下三个方面的好习惯。

一、文明礼貌，干净整洁

我国是礼仪之邦，要讲文明、讲礼貌。自觉遵守校规校纪，尊重老师，在校见到老师要主动问好；团结同学，互帮互助。在校内不追逐打闹，不大声喧哗，营造一个文明的校园环境。在问好方面高一年级的同学已经形成了良好的习惯，相信其他年级的同学也会迎头赶上。各位老师，当同学向我们问好的时候，我们也应该积极回礼：回答一声“好”，点个头，或者报以浅浅的微笑。这都是老师对同学们良好习惯的认可。

要有良好的仪容仪表。学生在校期间要身着校服，拉上衣服拉链，不穿奇装异服；男生不留长发，女生不烫发、不染发，不化妆；不戴耳钉、耳环、项链、手链、手环等饰品；不文身、不刻字，不留长指甲；站姿要直，坐姿要端；树立良好的自身形象。

养成良好的集会习惯。同学们参加学校的集会活动要做到快、静、齐，集合迅速、安静，呼号、队列要整齐、有序。

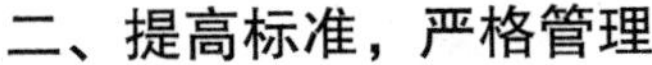

二、提高标准，严格管理

厉行节约，文明就餐。节约是一种美德，它不仅体现了个人素质，还是国家光盘行动的践行，更是一种良好的习惯。在我们的共同努力下，绝大部分同学对光盘行动都落实得非常好，做到了吃多少盛多少，不偏食，不挑食。这样做既符合节约的要求，也有利于我们身体的健康！就餐完将餐桌打扫得干干净净；去餐厅的路上不争、不跑，按照规定路线行走，遇到小学生主动让行。

强化宿舍管理。本学期教育处制定了宿舍可视化标准，宿舍内务有了很大提升，特别是高一年级的宿舍，内务整理标准要求高，厕所打扫得很干净，这就是我们的榜样，我们要向榜样学习。在纪律方面，在两睡铃响前五分钟就要保持安静，铃响即静，铃响即入睡，不要做与睡觉无关的事情。班主任和生活教师要全程检查、监督，要帮助同学们养成良好的两睡习惯。

爱护公物及公共设施。公共设施是为教学服务的，我们要倍加爱护，举一个简单的例子，宿舍的下水道、水龙头，如果堵塞或破坏了就直接影响我们的生活，影响了生活就影响了学习。如果损坏了公共设施除赔偿外，还要根据情节轻重，给予相应的处分。

要养成良好的卫生习惯。每周三下午大课间进行卫生大扫除，包含教室整理、宿舍整理、卫生区整理。我们正在设计“绿色银行”课程，将各班的废纸、矿泉水瓶等物品进行回收，针对回收情况纳入班级量化并下发班级发展资金。

另外，学校开展“弯下的是腰，捡起的是文明”活动。不乱扔垃圾就是爱国，见到垃圾主动捡起来就是爱校，要提高个人的整体素质。

三、遵规守纪，全面发展

同学们要遵守学校的规定，坚决杜绝三类不文明现象。

（1）不文明交往。主要讲男女同学之间的不文明交往问题，男女同学独处、拉手等现象都属于不文明交往。

（2）严禁带手机进入校园。为贯彻落实教育部等八部委提出的“严禁学生将手机带入校园”的要求，学校坚决落实严禁手机进入校园。

（3）禁止吸烟。吸烟有害健康，这是人人皆知的常识。希望同学们对香烟的危害有更深入的了解，自觉抵制香烟的诱惑。所有学校对于吸烟问题都持“零容忍”态度，只要发现吸烟者必将严肃处理。

教育处会不定期、不定时对学生在校行为进行督查，对违反规定的要扣班级分、个人量化分，并提出整改意见，由班主任、年级负责监督整改。对情节较轻的给予警告、通报批评处分，情节较为严重但有改正可能的给予回家反省处分，情节严重或多次教育不改正的给予勒令退学或开除学籍处分。不文明现象所涉及的三个方面都要量化到个人，记入学生综合素质评价当中。

老师们，同学们！我们约定：让我们从现在做起，从小事做起，用制度规范自己的一言一行，不断完善自我，养成良好的行为习惯，去做美的发现者、创造者、传播者、实践者。让我们一起怀揣梦想，激情出征，用我们的智慧和汗水书写昌乐一中北大公学高中新的辉煌！

最后，祝老师们身体健康，工作顺利，祝同学们健康成长，学习进步！

2021 年 9 月 15 日

铭记历史，爱我中华

——“国旗下”发言记录

每年的 9 月 18 日，我们必须回顾“九一八”事变，借此提醒自己也提醒所有国人——勿忘国耻。再过几天就是“九一八”事变 91 周年，它警醒我们：落后就要挨打，发展才能强大。少年，是祖国的未来，是中华民族的希望！作为新时代的学生，如何为了祖国的繁荣富强作出自己应有的贡献呢？我觉得应当从以下几个方面着手。

一、根植爱国主义情怀

爱国不再是一句空话。“天下兴亡，匹夫有责。”国家对于即将成年的你们不应该是一个空泛的名词，爱国也不应该只停留在口号上。

爱国，要从爱校开始。从现在开始，我们应该学着爱自己的学校，爱自己的家园。在美好的校园里，我们常常会看到一些不和谐的现象。比如：雪白的墙壁上被鞋印玷污，有些同学乱丢纸屑，不文明的话语，有同学做出不利于学校的事情，等等。学校是我们学习和生活的家园，我们应维护它的整洁，见到老师主动问好，做到“亲其师，信其道”。所以，爱国不是口号，而是行动，从点点滴滴做起，爱护身边的环境，这就是爱国。

二、学会自我管理

在我看来，学会自我管理要关注三件事：一是做好目标管理，二是管理好时间，三是管理好细节。

1. 做好目标管理

我们每天的生活、学习就是一个不断地提出目标、不断地追求目标并实现目标的过程。能考上一所理想的大学，是所有高中生孜孜以求的目标。所以同学们应该立长志，万万不可常立志。树立了远大理想，还应该有近期的奋斗目标，如期中考试后，根据自己的成绩情况，确立下一次月考在班内争取考到多少名、进步多少名。只有这样，你才会有成功的喜悦，永远不会迷失方向。希望同学们尽快确立人生的理想，制订近期的奋斗目标，并一步一个脚印地为实现理想和目标而努力奋斗！

2. 管理好时间

想要管理好时间，就需做到以下两点。

（1）拒绝拖拉。我们可以把生命用在欣赏美好的事物上，但绝不允许浪费在拖拉上。拖拉是心态和行动的双重病毒，拖拉一旦形成习惯，就会使我们的人生像患上渐冻症一样，最终变成毫无活力的石头。拒绝拖拉，就要做到每天清出时间的底子，清出目标的底子。

（2）要形成自己稳定的时间节奏。把每天各种活动的时间进行精细化的管理，什么时间干什么，都要有一个明确固定的时间点，通过这种严苛的时间管理来提高自己的自律能力。这才是时间管理的要义。比如：我们老师搞的限时训练；赵老师的班级每次都有同学等人吃完饭之后再去吃饭，充分利用打饭排队的时间来学习，合理规划时间。把这些好的做法发扬下去，会收获更大的益处。

3. 管理好细节

细节体现了认真的态度，海尔总裁张瑞敏曾说：什么是不简单？把每一件简单的事做好就是不简单；什么是不平凡？能把每一件平凡的事做好就是不平凡。在海尔厂区上下班时工人走路全部靠右走，没有员工潮进潮出的现象，完全按交通规则行进。这就是素质，海尔人的素质，在微小的走路这一细节上体现出来了。对于同学们来说，认真的态度就是尽最大的努力去做好自己该做的事情。一屋不扫，是很难去扫天下的。

泰山不拒细壤，故能成其高；江河不拒细流，故能成其深。亲爱的同学们，细节是一种功夫，需要我们日积月累，从点滴做起。如果忽略了细节，谁就不可能真正取得成功；谁在细节上用了心，那么就可能赢得非凡的人生。从某种程度上说，细节影响品质，细节体现品位，细节显示差异，细节决定成败。

三、塑造良好的习惯

从小事做起，从我做起，养成良好的生活习惯。同学们，现在正是你们养成良好习惯的最好时机。我在这里对大家提六点期望和要求。

（1）有良好的仪容仪表，在校期间着校服，不染发不烫发，不留长发，见到老师要问好。

（2）文明就餐，有秩序地排队打饭，取餐适量，落实光盘行动，杜绝浪费，收拾桌椅。

（3）集体活动，集会和两操快、静、齐。

（4）按时作息，两睡铃响即静，不做与两睡无关的事情。

（5）卫生整洁，不乱扔垃圾，主动捡拾垃圾，保持教室和宿舍干净整洁，彰显良好的精神风貌。

（6）自习高效，做到入室即入静，推门不抬头。

另外，同学们要做到不带手机入校，不玩手机，静心学习，不要将时间浪费在游戏和不良交友上。同时，学校也会严格检查，帮助同学们养成好的习惯。

同学们，我们要铭记历史，爱我中华。进入 21 世纪，爱国更应该成为我们这个时代的最强音，热爱祖国就要从读书开始，树立起为中华之崛起而努力读书的崇高理想。让我们勤奋学习，报效祖国，铭记历史，担当使命。新学期、新起点、新目标，让我们共同踏上新征程！

2022 年 9 月 13 日

学习雷锋精神，做品德高尚的优秀中学生

——“国旗下”发言记录

老师们、同学们，大家上午好！

不知不觉中，春天悄然而至，一年之计在于春。春天是播撒希望的季节，是播撒爱心的季节。阳春三月，我们都会想起一个朴实而又伟大的名字——雷锋！雷锋同志是伟大的共产主义战士，他用平凡书写了伟大的人生。

作为新时期的中学生，我们应该更加自觉地、深入地向雷锋同志学习，践行雷锋精神，争做雷锋传人，努力把自己培养成德、智、体、美、劳全面发展的优秀中学生。

学习雷锋，要学习他“一块砖”的节俭精神。艰苦朴素、勤俭节约，从身边做起，节约一度电、一滴水、一张纸、一粒粮，自觉抵御不良生活习惯的影响，保护环境，美化生活，用高雅健康的文化生活充实自我。同学们，学校是我家，节俭靠大家。自觉关紧水龙头，人走灯灭好习惯，纸屑丢进垃圾桶，粮食一粒不浪费，学习雷锋做表率。

学习雷锋，要学习雷他“一滴水”的律己精神。“一滴水只有放进大海里才永远不会干涸，一个人只有当他把自己和集体事业融合在一起的时候才能最有力量。”我们一定要像雷锋那样，热爱集体，遵守纪律，严于律己，时时刻刻把集体放在心上，尊敬师长，团结同学，创造和谐融洽的学习氛围。

学习雷锋，要学习他“一团火”的奉献精神。我们要像雷锋同志那样，甘于献出自己的光和热，向一切需要帮助的人伸出我们援助的手，把帮助别人当作人生最大的快乐和幸福，积极参与学校组织的各项志愿活动，在校园中掀起自觉实践雷锋精神、倡导志愿服务的热潮，用行动体现精神，用爱心创造和谐。

学习雷锋，要学习他“一片叶”的感恩精神。树叶虽然细微，但它不自卑，努力发挥自身的作用，就是落下枝头，也想着回归大地，滋养大树。我们要向雷锋同志学习，始终怀着一颗感恩的心，感恩祖国、感恩社会、感恩父母、感恩老师。努力成为合格的社会主义事业的建设者和接班人，用自己的聪明才智，报效祖国，回报社会。

学习雷锋，要学习他“一颗钉”的钻研精神。处处发扬“钉子”精神的“挤”劲和“钻”劲，自觉培养勤奋好学、刻苦钻研的好习惯、好作风，珍惜学习的每一分钟，认真听讲，提高效率，争取各门功课都得到优异成绩，让昌乐一中因我们而自豪。

同学们，新的时代赋予雷锋精神新的含义，让我们积极行动起来，更加努力地在实践中学习和发扬雷锋精神。从我做起，从身边做起，让雷锋精神陪伴我们健康成长，为祖国的发展、民族的振兴贡献自己的青春、智慧和力量！

谢谢大家！

2022 年 4 月 13 日

乘势而上攀新高，拼搏实干走在前
——“国旗下”发言记录

尊敬的各位老师、亲爱的同学们：大家上午好！

今天是新学期第一次升旗。首先祝各位教师工作顺利，心想事成，祝同学们学习进步，健康成长。回顾过去的一年，是极不容易、极不平凡、催人奋进的一年。我们国家在党的坚强领导下，庆祝建党100周年，国民经济稳定发展，人民幸福，国泰民安。我们学校乘着建党百年东风，勇毅前行，取得了优异的成绩，具体总结如下。

（1）高考成绩非常突出。

（2）统考成绩不断提高。

（3）会考成绩优异。

（4）美术联考成绩突出。

（5）日语考试成绩优异。高二年级日语考试平均分为102分，争取继续提高。

（6）学生成长，教师发展。

成绩的取得来自我校教师的高水平、多付出、快成长。在市、县教研室组织的赛课中，李庆洋、柳芳艳、邢新萌、周姝颖等教师摘金夺银。在上级部门组织的一系列活动中，我们的学生积极参加并取得了优异成绩。当然，最令人高兴的事情就是学生在校园里平平安安、快快乐乐，不断地健康成长。我们的成绩是令人鼓舞的。

一日之计在于晨，一年之计在于春，一生之计在于勤。我们满怀希望地迎来了春季新学期，迎来了一个新的春天、新的希望。在此，我给大家提三点要求。

一、心怀感恩，勤学报国

哪有什么岁月静好，不过是有人替你负重前行。同学们在求学的道路上，有同龄人的陪伴，有家长的支持，有老师的帮助，有亲朋好友的关注，有学校提供的优良的办学条件。每一位同学都应该感恩同学、家长、老师，感恩所有帮助我们的人。更应该感恩我们的祖国，家是最小国，国是最大家。我们能够在学校里安心学习，最重要

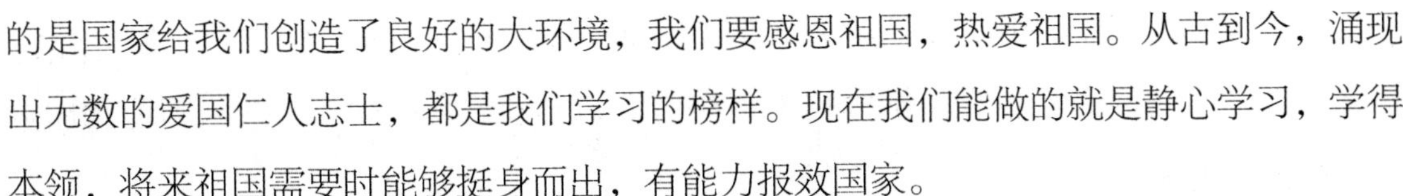

的是国家给我们创造了良好的大环境，我们要感恩祖国，热爱祖国。从古到今，涌现出无数的爱国仁人志士，都是我们学习的榜样。现在我们能做的就是静心学习，学得本领，将来祖国需要时能够挺身而出，有能力报效国家。

二、自强不息，追求卓越

天行健，君子以自强不息。我们要秉承“自强不息，追求卓越”的学校精神，自强是态度，不息是行动，卓越是结果。我们要在工作和学习中全力以赴，积极主动地做事，事事争先进、创一流。为此，我们要做到以下三点。

（1）热爱。唯有热爱，方能抵御岁月漫长；唯有热爱，方能实现人生梦想。希望同学们竭尽全力，行己所爱，在学习中体验成功的欢乐。

（2）勤奋。勤学如春起之苗，不见其增，日有所长；辍学如磨刀之石，不见其损，日有所亏。苏翊鸣在疫情防控期间还坚持训练，经过成百上千次的训练才获得了金牌。

（3）坚持。唯有坚持，不畏世间无常。徐梦桃参加了四届冬奥会，因为坚持最终获得金牌；女足在 2 ∶ 0 落后的情况下，不放弃，不屈服，不言败，最终以 3 ∶ 2 逆转获胜。这说明坚持一定能获得胜利。希望每一位同学都能顽强拼搏，认真学习，不断进步，直至成功。

三、遵规守纪，养成习惯

习惯决定性格，性格决定命运。我们应尽快适应学校生活，严格落实各项常规，遵规守纪，养成好的习惯。我在这里特别强调以下四个方面的习惯养成。

（1）养成良好的作息习惯。铃响即静，也不要早起，早上 5:40 前不要起床，午睡时间控制到 1:30 以后，这样才能保证良好的休息。如果发现违纪的同学学校会严肃处理，以便创造良好的休息环境。

（2）养成良好的卫生习惯。宿舍、教室都要干净整洁，养成主动捡拾垃圾的习惯，捡拾一块垃圾，净化一次心灵。

（3）养成就餐光盘的习惯。爱惜每一粒粮食，落实光盘行动，就餐后桌面干净整洁，体现我们的良好风貌。

（4）杜绝玩手机、吸烟和不文明交往等现象。同学们现在正是学知识、长身体的时候，不要浪费宝贵时间去干对自己身心健康不利的事情。

“潜龙在渊，蓄势腾飞”，新学期、新起点、新气象。希望大家心怀感恩，遵规守纪，追求卓越，乘势而上攀新高，拼搏实干走在前，为学校的发展助力，共同创造我们学校灿烂辉煌的未来。

谢谢大家！

2022 年 2 月 23 日

高度重视、精心准备、奋战期中、争创佳绩

——“国旗下”发言记录

同学们:

期中检测时间为:高三年级11月7日至9日,高一、高二年级11月14-16日。本次考试为市教科院统一组织命题,统一考试时间,统一网上阅卷,统一划线评价,可见上级教育部门对于这次检测的重视程度。利用今天这个时间,我和同学们交流以下四个方面的问题。

一、考试目的

一般来说,考试的目的有以下两个。

(1)检查同学们前一阶段的学习情况,总结经验,发现问题,及时改正,争取期中考试后更好地学习。

(2)锻炼功能。在泳池里学会游泳,在考试中学会考试。考试能锻炼同学们的应试能力,提高应试技巧。

二、考前准备

搞好回扣复习,重视课本、积累本(纠错本)、学案(试卷)。

三、考试技巧

俗话说:七分能力,三分运气。我认为,这三分运气即答题技巧。要答好一份试卷,总的指导思想是:分分必得,分秒必争。即在答题过程中做到“信心、细心、准确、快速、规范、灵活”。

(1)信心。即心态问题,要做到信心坚定,心态平静,斗志旺盛;相信自己的付出,一定会有收获,一分耕耘一分收获,天道酬勤。有的同学可能会说:一到考试我就紧张。这也不必惊慌失措,大家都知道鲇鱼效应,在沙丁鱼群里放上几条鲇鱼,沙丁鱼发现这些个头大的“异己分子”就紧张起来,加速游动,避免了因窒息而死亡。生活需要适度紧张,考试亦如此。所以,考试时适度紧张更能发挥出你的水平。希望同学们心态平和、信心百倍地投入考试中。

(2)细心。就是要做到认真审题不丢分。为了减少因粗心而丢分,我认为应注

意以下三点：认真审题，不审错题，新高考重视情景的设置，更需要认真细心地审题；不要漏题；不要思考对了，做对了而往答题纸上写时写错了。

（3）准确。要想准确就要做到：不要出现计算失误；语言符号、学科术语准确，例如，是动量定理还是动量守恒定律，是正弦定理还是余弦定理，等等。

（4）快速。按顺序做，先易后难；稳中求快，把握好答题时间；遇到难题绕道走，也就是说遇到难题时，不应停留，要学会绕道而行，暂时放弃，待时间有了剩余，再回过头来专门攻克。

（5）规范。要做到规范，必须注意以下三点：答题卡填涂要准确，做完选择题后，立即把答案写在题号前，并及时涂卡，防止出现顺序颠倒，题号错位的情况，涂卡要规范，答题卡涂写要清楚；笔答题用黑色中性笔书写，切忌潦草，要工整，在规定区域答题；要注意格式分条作答，不留空白。

（6）灵活。同学们大多处于 15 ～ 18 岁的年龄阶段，这正是创造力最旺盛的时候，要相信你的潜力是无穷的，要相信“眉头一皱，计上心来”，只要认真思考，难题是完全可以攻克的。

四、考试纪律

考试期间，要注意严格遵守考试纪律和日常的管理纪律，只能比平时严格，不能比平时松懈。有关考试纪律，要做到以下六点。

（1）不能请假，不准中途或提前出考场。

（2）开考铃响后才能答题，闭考铃响后停止答题。

（3）严禁作弊，作弊一次扣 30 分，并通报批评，作弊两次取消考试资格。

（4）辅导要按时、安静，不准说话和交头接耳。

（5）常规管理上要严格遵守各项管理规定，确保两睡按时入睡，保持地面干净整洁。

（6）出考场后严禁对答案，认真准备下一场考试。

希望同学们提高认识，全力以赴，在考试中做到“信心、细心、准确、快速、规范、灵活”，考出优异的成绩，用优异的成绩证明自己的优秀！

谢谢大家！

2020 年 11 月 11 日

正确对待考试成绩，认真分析查漏补缺，注重方法继续前进

——“国旗下”发言记录

老师们、同学们：

上周初中和高中都进行了期中考试，成绩也已经公布，今天我与大家交流一下如何正确对待期中考试，真正发挥好考试的作用，达到考试一次提高一步的目的。我与大家交流以下三个方面的内容。

一、正确对待考试成绩

成绩公布后，这几天大家的心里都颇不宁静，成绩好的同学，高高兴兴；成绩稍差的同学，垂头丧气。毕竟期中考试刚刚结束，忐忑不安也是人之常情。我认为对待成绩的正确态度是胜不骄，败不馁。成绩好的同学，应戒骄戒躁，百尺竿头，更进一步；成绩稍差的同学，应找准原因，迎头赶上。优秀生更需要随时保持冷静，有更高远的境界追求，眼光要看得远一些。这里我要告诉考得不太理想的同学，这不过是一次过程考试而已。最重要的是和自己前面的考试相比，是进步了还是退步了。反思一下自己之前是否在努力学习，严格要求自己，不断挑战自己。如果个别同学平日里得过且过，没有目标，没有全身心地投入到学习中。考试前不认真复习、备考，你其实连沮丧的资格都是没有的。因为不曾付出，何谈希望？

二、认真分析查漏补缺

期中考试过后，每位同学都要认真分析答卷情况，在总结本上写出总分和单科的详细总结。查找一下自己在知识性错误和习惯性错误方面的失分情况，对症下药，解决问题。各科都针对期中试题印制了知识点详单，同学们要认真逐个分析错题，查找错题原因，针对失分情况，查漏补缺，及时弥补，直至熟练掌握。

错因有两种。第一种是知识性错误，此类错误为单纯的没有学会该部分知识而导致的错误。此类错误是易于修改的，只需要考后对该部分知识点进行一定的强化训练即可。第二种是非智力因素导致的习惯性失误，此类错误成因很多，也是大家最头疼的错误，头痛的原因在于即使犯了这种错误，自己也知道，但就是不知道如何才能修

改正这类错误。究其原因就在于同学们没有真正挖掘这类错误发生的原因。

结合期中考试暴露的问题，同学们要高度重视考试心态、答题规范和表述准确的训练，在平日里养成好的习惯。

三、注重方法继续前进

1. 制定目标，落实计划

凡事预则立，不预则废。每个同学都要根据期中考试情况，制订自己的学习目标和学习计划，写在成长记录本，每天落实一个小计划，从而实现人生大规划。我们要严格要求做到最好。

2. 重视课本，夯实基础

从期中考试答卷情况来看，很多同学由于基础不牢丢了不少分，表现在选择题和填空题上丢分较多。因此，在平时学习中必须重视课本，吃透课本，夯实基础，在考试中取得优异成绩。

3. 认真听课，积极参与

我校考入清华大学的李猛，介绍他在高中阶段的学习经验时，他感觉最重要的一点就是：课前搞好自主学习，明确重点，突出疑点，课堂上认真听讲，听讲时紧跟教师思路，抓住重点，提高听讲效率。

4. 注重总结，勤于思考

在平日的学习和考试中，贵在发现问题，查漏补缺，在典型习题本或纠错本上做好总结，通过总结反思提升自己的实力。

5. 重视阅读，提升实力

高考对同学们的阅读能力要求越来越高，其中很重要的一个方面就是阅读速度。以前的考试卷面大概 7000 字，现在是 9000 字，将来可能增加到 1 万字，同学们一定要多读书、爱读书，通过海量阅读，提升实力，造就成功人生。

以上是我与同学们交流的三个问题：正确对待考试成绩，认真分析查漏补缺，注重方法继续前进。希望同学们多总结领悟，回去好好落实。

最后，祝同学们天天开心，学习进步；祝老师们工作顺利，家庭幸福。

谢谢大家！

2022 年 11 月 22 日

打造学校美育特色，促进学校内涵发展

建校两年来，我校始终将美育工作放在关系教育全局发展的高度，坚持“崇德尚艺、以美育人”的育人方针，积极推进美育改革，探讨新形势下践行教育立美，将美育贯穿于学校教育全过程的新途径、新方法，以艺术课堂教学为牵动，做到校有特色、教有特点、学有特长，促进了学生全面和谐发展，使美育工作成为学校的特色之一。

在艺术教育教学改革中，我校以加强艺术学科课堂教学为主渠道，以校本课程和活动小组为主阵地，以开展丰富多彩的艺术教育活动为载体，以功能齐全的办学条件为保障，坚持“普及与提高相结合、课内与课外相结合、学习与实践相结合”的原则，不断改善艺术教育的装备和设施，提升校园环境艺术化的层次和品位，积极开展艺术学科教师的全员培训工作，努力提升学生的美育素养，促进了艺术教育特色的不断彰显，形成了优美高雅的校园环境、生动活泼的教学环境、丰富多彩的活动环境以及和谐融洽的人文环境。

一、建立机制，完善课程管理，提高美育质量

学校在工作计划中认真部署美育工作，并成立了由校长、分管校长和艺术老师等组成的美育领导小组，健全了美育管理体系和规章制度，确保了学校美育工作扎实开展，为学校美育工作的进一步开展注入了更多动力。

实施新课程改革以来学校始终坚持按照上级要求开齐开足音乐、美术课程。课堂是素质教育的主阵地，是提高学生审美能力与人文素养的主渠道。要推进美育工作，必须以课堂为基础；要深化美育教学改革，就必须坚持日常教育教学的持续研究。学校扎根于日常的课堂教学，把变革理念运用在日常工作中。艺术教师广泛汲取先进的教育理念和教学经验，优化教学过程，探索科学、合理的教育教学新方法，合理运用多样化的教学手段。

为了使学校美育工作落实到位，我们制定和完善了美育教育暂行办法，制订学校美育教育发展规划、确定各年级美育课程目标，确保美育教育整体水平的提高。艺术教育中心认真抓好教学常规管理工作。教师结合课改，努力钻研教材，每周周六上午集体备课，提高备课、上课、评课的质量，真正做到教学过程的细化，努力让每一个学生都能体验到学习和成功的乐趣，以满足学生自我发展的需求。

二、开展美育实践活动，促进学生全面发展

两年来，学校充分利用各种资源，积极探索“课堂教学与课外实践相结合”“校内美育活动与校外传统文化相融合”的全方位美育教育模式，注重开展丰富多彩的文化艺术活动，以提高学生的文化艺术素养。

1. 打造特色，提升内涵，扎实开展“一校一品牌”

在开展“一校一品牌”活动的背景下，我校通过多次考察、调研，在上级部门的肯定和支持下，最后决定把美术作为我校的特色活动，学校与校外培训机构加强合作，强强联合，通过美育让学生成才。针对目标学生，学校实行小班化教学，采用精准教学、一对一辅导的措施，提高名校中标率。2020 年和 2021 年我校两名同学被清华大学录取，多名同学被中央美术学院、中国美术学院录取，多名同学被 211、985 等双一流学校录取，充分体现了我校在艺术教育方面的实力和取得的成绩。

2. 开展多彩的美育活动，落实特长培养

为确保美育教育活动的有效开展，学校组织有艺术专长的教师负责组建并辅导各类艺术社团，放大特色效应，如合唱、舞蹈、动漫、书法等。每周三下午的社团活动，学生在形式多样、寓教于乐的社团活动中自由徜徉、流连忘返。

3. 搭建立体开放平台，打造美育特色

“活动是载体，活动是激励”，美育最需要丰富多彩的课外实践和立体开放的锻炼平台，在平台得到展示、应用、发展、提高的特长才会变成能力。学校除举办经常性的丰富多样的艺术活动外，每年都举办校园文化艺术节。校园文化艺术节是校园文化的集中展示，是同学们向教师的激情汇报，更是培养学生发现美、鉴赏美、创造美的能力，实现全面发展的重要手段。师生大型文艺会演，同学们用激昂的歌声、饱满的热情来赞美祖国、歌唱未来；在征文比赛、演讲比赛中，同学们激情奔放，用饱含深情的语言赞颂祖国的强大、畅想美好的未来；艺术节开展了书法、绘画作品展、校园才艺大赛、合唱比赛等活动。这些活动是我校素质教育成果的展示。这些活动提高

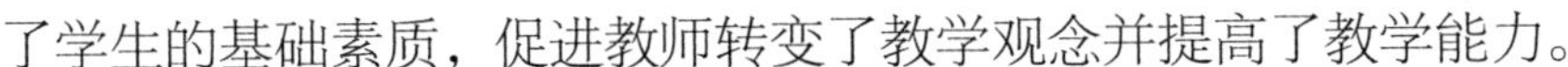
了学生的基础素质，促进教师转变了教学观念并提高了教学能力。

三、注重美育过程管理，涵养学校美育文化

1. 加强师资队伍建设，提升教育能力

艺术教师是教育的直接实施者，他们的教育思路、教育艺术及自身的素质直接影响着艺术教育的成效，因此学校十分重视艺术教师师资队伍的建设。一是做好对艺术教师的校本培训。每周六上午定为艺术教师教研活动时间，进行教科研活动，有时还通过网络聆听专家的讲课，有效地提高了教师的政治素质、理论素养及业务知识。二是积极选派艺术教师参加市、县级各类培训，来提高教师的业务能力。

2. 加强活动阵地建设，夯实美育基础

无论是美育课程，还是美育实践活动，长期的育人实践必须根植于深厚的美育文化土壤，才能最大限度地形成合力助推人才成长，学校充分考虑到学生对校园文化设施的需求，投入大量资金进行校园绿化、美化建设，添置了现代化的艺术教育活动设施设备，装备了书法、美术、舞蹈、合唱、综合实践等专用教室，添置了成批的音美器材，充分利用这些场地开展活动，使场馆的利用率达到最大化，确保了艺术教学活动的顺利开展。

3. 构建和谐校园环境，涵养美育文化校园

环境建设不仅是衡量一所学校办学水平的重要标尺，也是实施美育的重要载体。我校分系列布置文化宣传栏，彰显了校园文化的浓厚气息，创设了优美的校园环境。分主题布置学校的各个区域，教学楼内的师生绘画作品展区，经过两年多的努力，已逐步构筑出了一道道具有独特风格的校园美丽风景线，学生置身其中，随时随地接受美的熏陶与感染。

“以美育为突破口，全面推进学校内涵发展”，我们已经取得初步成效。目前，学校基本形成了优美的校园环境、生动活泼的魅力课堂、丰富多彩的校园活动以及和谐融洽的学校文化。我们深知，在美育领域中，没有最好，只有更好；今后，我们要继续坚持美育理念，推动我校美育工作不断实现新跨越和新发展，为打造美育强校、促进学生全面发展而不懈努力！

高一年级感恩教育策划方案

为弘扬中华民族的传统美德，全面提升学生的思想素质，让学生懂得感恩父母、感恩老师、感恩同学、感恩社会，我校决定在高一年级开展“学会感恩，爱心永恒”的主题教育活动。

一、宣传发动阶段

各班组织召开以感恩为主题的班会，进行动员，拉开活动序幕。各班出一期感恩教育专题板报或手抄报，年级组织检查评比。各班组织学习感恩文章《父亲的一跪》《北大有多远》《妈妈，我要将金牌戴在您的脖子上》《丑娘》等，开展日行一善活动。

二、全面实施阶段

1. 第一阶段：感恩父母

父母不仅赐予我们生命，更把我们养大成人。孝敬父母是最起码的要求，是做人的基本准则。

活动内容如下。

（1）利用周末时间，为父母做一顿感恩的饭，说一句感恩的话。帮助父母做家务，感谢父母的养育之恩。

（2）算一笔感恩账。每个学生将自己一年的学费、生活费等算个总账。通过比较，深刻体会父母为自己付出的心血与汗水，理解父母对自己无私的爱和殷切的希望。

（3）写一封感恩信。每一名学生要将自己的感想及对父母的感恩之情写一封信，交流心声，增进感情。

（4）学唱一首感恩的歌，如《懂你》《父亲》《母亲》《感恩的心》《奉献》等。

（5）看一部有关感恩的影片，如《妈妈再爱我一次》《暖春》等。

（6）开展“为家庭节约一分钱、一粒米”活动，大力倡节约之风，杜绝浪费。

（7）思考父母希望自己做的事情及自己能为父母做的事情，形成“感恩计划”。

（要求：从学生自身实际出发，忌形式主义。）

2. 第二阶段：感恩老师

老师教给了我们知识，教给了我们做人的道理，老师是我们人生路上的领路人。

活动内容如下。

（1）各班组织题为《人生路上的领路人——感谢您，老师》的演讲。

（2）面向全体学生征集感谢老师的格言。

（3）开展学生向老师献真情活动，自选“三个一”（写一封信、谈一次心、提一个建议）来表达对老师的感激之情。

（4）开展申报尊师重教示范班活动，所有学生都讲文明用语，遇到老师自觉问好，标准语言是“您早”“您好”等，要求声音洪亮。

3. 第三阶段：感恩同学、朋友

同学是我们最纯、最真的朋友。通过活动，同学们应学会表达对同学、朋友的感激之情。

活动内容如下。

（1）开展以“同学如手足”“牵手同学，共同进步”为主题的作文或演讲比赛活动。

（2）开展“我为同学们做一件好事”的活动。

（3）回忆对自己帮助较大、恩情较大的 1 ～ 3 个同学，然后通过写信、电话等方式表达自己的感恩之情。

三、总结反馈阶段

各班都要交感恩活动总结材料。每班交五篇体会或日记以及感恩活动小结一篇，并搜集本次活动中有意义的学生感恩作品（如感恩卡、自制小礼物等）。学校举办感恩演讲比赛，每班选出一名选手参加比赛。演讲要求主题突出，富有感染力。

团结友爱，携手共进

——火山口远足拉练前学生动员发言记录

为进一步磨炼同学们的意志，增强同学们的体质，培养同学们的吃苦耐劳和集体主义精神，我们定于明天进行北岩火山口远足拉练。为搞好这次拉练，今天下午召开年级会，刚才学生会主席与同学们交流了远足装备准备、路线安排、饮食保障、团队合作及安全注意事项等。下面我就远足系列活动对同学们作进一步指导。

一、要做到准备充分

这次远足总长为 50 公里，相当于从我们学校到潍坊再回来的距离，对同学们的体力和意志品质是一次考验，但我相信我们完全有能力完成这次远足拉练。本次远足的口号是：团结协作，顽强拼搏，坚定信念，战胜自我。三个关键词：团结（体现班级的良好精神风貌）、拼搏（用顽强的意志克服困难）、信念（班主任队伍、体育教师、同学们之间互相帮助）。当然，同学们要作好充分的准备，统一穿校服、戴胸卡，食物要准备好，穿运动鞋，远足途中要摄影，各班都要发挥好摄影协会同学的积极作用。

二、远足的几点要求

1. 注意安全

“安全第一”是我们这次远足拉练的最重要原则。在远足过程中，同学们要时刻注意自身安全和周围环境的变化，不要离开指定路线，不要私自离队，不要脱离班集体，一切行动听指挥，不要攀爬陡峭的山坡或者涉水过河。在远足前，我会与各位同学的家长沟通，确保家长们知晓和同意此次活动，以及意外情况发生时的应对措施。

2. 落实环保

环保就是要做到在路上和到达目的地后，不乱扔垃圾、纸屑，维护环境卫生。在远足途中，每位同学都应携带一个垃圾袋，将自己产生的垃圾放入其中，确保垃圾不乱扔在路上或者景区中。平时养成的好习惯，关键时刻更应体现出我们良好的精神风貌。班级可以开展环保教育活动，向同学们普及环保知识和意识，引导大家养成良好

的环保习惯。可以通过宣传海报、口号等方式，增强同学们对环保的重视和行动力。

3. 学会欣赏

沿途和终点的景色很美，要注意发现美，欣赏美。在远足中，我们不仅要完成任务、保证安全，还应该学会欣赏自然的美景和周围的环境。以下这些方法可以培养我们的欣赏能力。

（1）细心观察。在远足途中，我们要用心观察周围的景色，发现其中的美丽之处。注意周遭的植物、动物、山水等景观，欣赏它们的美妙之处。

（2）记录感受。可以携带相机，在路上拍摄美景，或者记下自己对景色的感受和体验。将这些记录下来，可以让我们更加深入地欣赏和回味美景。

（3）与同学分享。在远足过程中，可以与同学们交流对美景的感受和观点。可以互相提醒和鼓励去发现更多的美好之处。

（4）思考与探索。除了欣赏眼前的美景，我们还可以思考其中的奥秘和背后的故事。了解景区的历史、地理等知识，可以增加我们对景点的理解和欣赏。

通过学会欣赏，我们不仅可以享受旅途带来的快乐，还能培养自己的审美情趣和对美的敏感度。希望每位同学都能在远足中收获美丽和愉悦，增长见识和丰富自己的人生阅历。

三、常规方面强调三点

1. 两睡

铃声响起后，尽快安静入睡，并且不要提前起床。保证充足的睡眠时间对于身体和大脑的健康发展至关重要。遵守规定的休息时间，有助于保持良好的作息习惯，提高学习效率。

2. 宿舍卫生

宿舍内外保持整洁是每位同学的责任。每天睡前整理宿舍，清除纸屑和垃圾，保持宿舍干净整洁。同时，要注意楼梯等公共区域的清洁，不乱丢垃圾。这样可以为自己和他人创造一个舒适和健康的生活环境。

3. 自习

入室即入静，推门不抬头。在进入自习室或教室时，我们应该保持安静，不打扰他人。入室后要迅速安静就座，不要高声交谈或发出噪声。进门时不要抬头张望，以免分散他人的注意力。这样既提高自己的学习效果，也尊重了他人的学习权益。

通过遵守上述常规，我们可以维持良好的学习和生活秩序，为自己和他人创造一个良好的学习环境。同时，这也是培养自律和良好习惯的一种方式，对个人成长和发展有着积极的影响。希望每位同学都能遵守并践行这些规定，共同营造一个宜居和谐的校园环境。

最后，相信这次远足一定会是一次安全、环保和有收获的活动。确保安全是我们的首要任务，我们要密切关注天气状况和路线安全，遵守领队的指引，注意安全警示标志。同时，我们要时刻保持环境意识，不乱扔垃圾，保护自然环境，爱护动植物。在远足过程中，我们将有机会欣赏美景、学习知识、拓宽视野，这将是一次有意义的经历。

预祝我们的远足拉练活动圆满成功，满载而归。

2016 年 4 月 15 日

立德树人守初心，铸魂育人担使命

师德是教师的立师之本，师德教育是提升教师队伍素质的必要举措。为深入贯彻落实县教育系统师德师风建设“十个一”专项活动相关精神，进一步加强师德师风建设，我校召开师德师风教育推动会，统筹规划学校师德师风建设工作。

一、对照问题，有则改之无则加勉

学高为师，身正为范。教师不仅要有渊博的知识，更要有高尚的道德情操。作为教师，我们的本职工作是教书育人，千万不能做违法乱纪的事，如酒驾、赌博、伤人等。更不能发生有偿家教、违规补课、推销资料、体罚或变相体罚、师生关系不正当这类恶性事件。学校要在各个环节加强监察处理，各位教师也要深刻自省，做有德行的好老师，教书育人、立德树人。

二、对标先进，心有所向未来可期

有许多同事是我们学习的榜样，他们关心学生，爱生如子，把对学生的教育作为自己崇高的责任。在今后的工作中，我们要继续弘扬先进，标榜典型，各位老师也要互相帮助、学习先进、看齐榜样，争做爱岗敬业、为人师表的楷模，争做学生锤炼品格、学习知识的领路人。

三、关爱学生，用心育人无微不至

教育的核心是育人。作为老师我们要严格要求学生，更要用心热爱学生，做到严中有慈、严中有爱、严中有度。不能体罚学生，也不能歧视学生，而是要多鼓励学生，多与学生沟通，有爱心、有耐心，用实际行动帮助每一位学生健康成长，落实我校“育人为本、全面发展、因材施教、特长突出”的办学理念。

初心不忘、使命在肩，用心教书、以爱育人，今后我校会继续加强师德教育，增强责任意识，让学校成为学生健康成长的乐土！

教书育人，立德树人

作为一名教育工作者，我深感无上光荣的同时，也感到肩负责任的重大。作为一名高中教师，我要做到严格要求自己，不断完善自己，执着于教书育人，立德树人，为国家多培养德、智、体、美、劳全面发展的社会主义建设者和接班人。

教师是人类灵魂的工程师，是人类文明的传承者，承载着传播知识、传播思想、传播真理，塑造灵魂、塑造生命、塑造新人的时代重任。在平日工作中我要砥砺前行、埋头苦干，努力成为有理想信念、有道德情操、有扎实学识、有仁爱之心的优秀教师，能做学生锤炼品格、学习知识、创新思维、奉献祖国引路人的优秀教师。

首先，在平日教学实践中做到勤奋敬业。简单说就是：干一行，爱一行，精一行，成一行。在教学方面，我一直坚信“勤能补拙是良训，一分辛苦一分才”。为了上好每一节课，课前必须认真备课，然后去听老教师的课，听完后再加以反复琢磨修改，经试、讲默讲后才走到台上给学生上课。

其次，在工作中要不断学习，提高自己。世界上唯一不变的就是变。发展是硬道理，而要发展就必须接受新鲜事物。要接受新鲜事物，就必须学习，通过学习来武装自己，使自己不至于落后。要做到向同事学习，向优秀教师学习，向专家学习，向书本学习。

最后，在教学中要做到创新。创新是一个民族进步的灵魂，是一个国家兴旺发达的不竭动力。不断创新就会充满活力，否则就可能会变得僵化。在教学方面，不断发挥集体智慧，自己制作教具。在管理方面，高度重视家校结合、多措并举。每次放假前，都发放“给家长的一封信”告知家长近期学校、年级的各项活动和措施。注重家长会的创新。

在平时教学中为落实好立德树人的培养目标，我们从以下几个方面做了诸多工作。

（1）家校结合，共育学生成长。教育的最终目的是“教书育人”，育人离不开家校结合。现代教育不是一个孤立、封闭的过程，而是开放的、现实的、全方位的社会活动。任何学生的成长都离不开三个方面的环境，即家庭、学校、社会，并且这三个方面不可相互替代。苏联教育家苏霍姆林斯基曾说过：教育的效果取决于学校、家庭的一致性，如果没有这种一致性，学校的教学、教育就会像纸做的房子一样倒塌下来。学校和家庭是教育学生密不可分的两大平台，只有家校紧密相连，才能教育出全面发展的学生。老师与家长要多沟通，及时了解学生的动态，根据学生的个人情况，从实际出发，共同商讨适用的教学方法才能有效完成教育使命。我们在学校管理中尝试建立了一系列家校沟通制度，如家访、给家长的一封信、QQ、微信等方式，有效地促进了教师、家长之间的沟通，取得了良好的教育效果。

（2）活动引领，体会感悟升华。从高一新生入学开始，班主任对学生的管理就注重思想品德教育。班主任对学生进行思想教育是每次班会必备的内容；在年级召开的级会中，也结合大量的事例对学生进行了责任感和爱心方面的教育。在教师按照全员育人导师制安排与学生谈话时，思想交流也是很重要的内容。为增强学生全员参与管理班级的积极性，激发学生的班集体主人翁责任感和集体荣誉感，年级要求实行值日班长轮流制和值周班长轮流制。值日班长每天办好四件事：写好黑板上的格言，填好班级日志，处理好一天的日常事务，写好值日班长感悟。值周班长每周负责总结一周的班级常规管理情况。

作为一名光荣的人民教师，在教学中，我严于律已，率先垂范，教书育人，立德树人，为国家培养德、智、体、美、劳全面发展的社会主义建设者和接班人贡献自己的光和热。

凡事绝不拖延，立即行动

——读《把信送给加西亚》有感

阅读《把信送给加西亚》，使我接受了一场现代管理思想的洗礼，学到了很多提高执行力的方法，看到了自身及年级工作中存在的一些问题，为今后提高年级管理水平提供了理论指导。

执行力就是保质保量地完成工作和任务的能力，执行力的强弱反映了一个单位的管理水平，更体现在全体员工的精神面貌上，它无时不在影响着我们每个部门、每个环节的工作。执行力反映的是一个企业的核心竞争力，反过来说，企业的核心竞争力就在于执行力。执行力正成为企业成功的一个关键因素，而缺乏执行文化的企业将遭遇重重困难。对于学校而言，学校的荣辱与我们个人的荣辱密切相关，我们的执行力高低决定了学校的执行力，决定了学校各项工作的进展是否顺利、高效。结合年级工作实际，反思工作中执行力不到位的情况，我认为应在以下三个方面提高执行力。

一、增强责任感，提高自动自发能力

工作中会做是远远不够的，除了会做还要有强烈的工作意愿。在接受工作后，应尽一切努力、想尽一切办法把工作做好。要充分发挥主观能动性与责任感。学校交办的工作，开展中可能会遇到很多困难，我们一定要以“成事在我”的积极和热情的心态，凡事绝不拖延，立即行动，努力把事情做好。仔细想来，“自动自发”就是一种可以帮助我们扫平一切挫折的积极健康的人生态度。最严格的标准应该是由自己设定的，而不是别人要求的。自动自发地做事，同时要为自己的所作所为承担责任。成就大业者和凡事得过且过的人之间的根本区别就在于：成功者懂得为自己的行为负责。一个执行力强的人在面对问题时，一定会勇于承担责任，出现问题时多从自身找原因想办法，最终克服困难，完美执行。

二、注重细节，按质按量完成任务

在执行过程中最重要的是细节。考虑到细节、注重细节的人，不仅认真对待工作，

将小事做细，而且注重在细节中寻找机会，从而使自己走上成功之路。细节决定成败，应把做好工作当成义不容辞的责任，而非负担，要认真对待、注重细节。执行一个任务，光抓住重点是不够的，必须从细节抓起，转变被动心态为主动心态，要树立一种严谨细致的工作作风，改变心浮气躁，以精益求精的精神，不折不扣地执行好各项工作。每个人都能做到这一点，就没有做不好的事，就没有实现不了的目标。

反思常规教学和翻转课堂落实，我们应落实以下七个细节。

1. 集体备课

存在问题：有些老师不能提前研究下周课程的内容。

相应建议如下。

按照学校集体备课要求，规范程序，加大研究力度，尤其是在备考和考试题方面，老师们尽量打印出来自己做一遍，尤其是年轻教师。

2. 个人备课

存在问题：有些老师的备课环节写得过于简单；训练展示与点评小组和具体学生不明确。

相应建议如下。

（1）老师们要在批阅学案和在线测学的基础之上，进行疑难突破，不是凭经验，必要时借助习题进行拓展。在疑难突破时尽量详细一些。

（2）加大谈话力度，尤其是上课时多提问目标边缘生。

3. 学案批阅

存在问题：考试试题没有针对性地批阅和讲解，有些老师批阅得过于简单，没有日期和等级。

相应建议如下。

（1）对目标学生的批阅要详细一些，尽量能面批，尤其是考试出现问题的学生。

（2）批阅时做好记录，尽量写一些鼓励性的语言和批评性的语言，以此提示学生。

4. 微课录制

存在问题：微课设计没有基于学生完成自学教材后的学习，而是根据原先的经验将重难点讲了一遍，缺少对微课内容的介绍，导致学生观看时没有选择性；微课 录制及呈现方式单一，多以文字形式呈现，不能激发学生的观看兴趣，学生理解效果不好。

相应建议如下。

（1）微课选点，有重点知识的好说，而有些章节是比较简单的，不好选择微课，可以上传一些相关的视频，如课外补充性的或者趣味性的。

（2）微课录制技术还需通过培训与研讨交流不断得到提高。

5. 复习课和讲评课

存在问题：复习课和讲评课的研究力度较小，不够规范，效益较低。

相应建议如下。

加强对复习课和讲评课的研究，规范课堂流程，提高复习和讲评效益。

6. 合作互学

存在问题：部分小组合作还不规范，部分学生很少参与合作，有时因学案量偏大，缺失该环节；部分班级缺少小组评价机制，导致学生参与度不高；合作互学方式不当，仅限于对答案，组长很少能够真正解决组员疑难问题，难以共同提高。

相应建议如下。

（1）继续进行小组培训，重点是合作互学、评价点拨环节，真正使学生从合作中得到提升。

（2）培训学生要常态化，绝不能原生态点评，因为一旦点评错了，就很浪费时间，所以不要怕麻烦，培训要细致，甚至要实现演练一遍点评。

7. 疑难突破

存在问题：部分教师没有基于三个依据设计疑难突破，而是根据经验预设，或不放心学生，讲得过多，导致针对性不强；疑难突破让学生动口多、动手少，造成学生听得会、写不对；疑难突破问题缺少针对性训练，老师讲得好，学生听得懂，未必真正掌握。

相应建议如下。

（1）处理好学生自学、微课助学与疑难突破的关系，收集好“三个依据”，重点突破学生自学后产生的问题。

（2）突破方式要多样化，充分调动学生的多种感官，多让学生动脑、动口、动手，

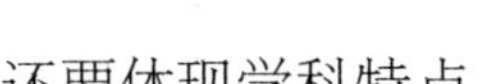

还要体现学科特点。

三、及时总结，固化优点改正缺点

对于安排的每一项任务，在完成后，都要注意及时总结。总结的方式可以是个人总结、团队总结或两者结合，总结的内容应包括预期目标和实际完成情况。明确优点和不足，从而做到固化优点，明确不足，获得经验和教训，在以后的工作中不至于再犯类似的错误，从而不断提高我们的管理水平。在实际工作中我们经常会由于工作忙，而忽视了这一环节，导致失去了提高的机会，这是非常不应该的。

让我们从提高自己的执行力出发，改变自己的工作态度，热情地、全身心地投入教学和管理工作中，凡事绝不拖延，立即行动，高效执行，自动自发地完成教学管理工作，注重总结思考，全力提升自己的教学管理水平，为学校的繁荣与发展而努力。

第四章　高效课堂

为了适应新课标和新高考的要求，提高课堂效率，昌乐一中结合实际情况，创新实施了“7667”高效课堂，提出了有关课堂的具体要求，并对课堂结构进行了优化，有效促进了学生的成长。

按照“7667”高效课堂的指导，每节课时长为40分钟。通过确保科目齐全、课时充足，在有限的时间内激发学生的学习兴趣，提高课堂效率。同时，注重早自习的激情朗读，安排上午和晚上各一节小自习课，让学生自主学习，总结反思当天的学习内容，并在当天内消化和拓展提升。

本章内容还包括课堂实录、评课记录、会议总结等。

深度教研，打造“7667”高效课堂

规范各类备课流程，充分挖掘备课潜力。教师个人备课做到：备课标，要明确教学目标；备教材，要把握内容结构；备学生，要实施差异教学；备教法，要形成学科特色。严格落实每周两个半日教研，教研室主任或备课组长是第一责任人。同时，要做到“每节必备”，在完善学案内容的基础上，采用“说课”的方式加强学案使用研究。注意教学核心内容的设计，要有针对性，要讲深讲透，要进行规律总结，要适当拓展，能够变式的要进行变式。

课堂是学生学习的主阵地，是提高成绩最关键的一环，在集体备课和个人备课的基础上，精准教研，打造“7667”高效课堂非常重要。

“7667”是指打造高效课堂的四个层面，具体包括以下内容。

（1）一个中心，以提高学生核心素养为中心。

（2）两个基本点，依据新课标和学生遇到的问题施教。

（3）三个环节，课前预习、课中探究、课后巩固。

（4）四个为主，教为主导、学为主体、思为主攻、练为主线。

（5）五个要求，先备再讲、先听再讲、先说再讲、先批再讲、课堂上采用学习小组的形式进行合作探究。

（6）六个下功夫和落实，六个下功夫是在个人备课、集体备课、学案批阅、讲练结合、拓展变化、学生谈话上下功夫，六个落实是要落实好“精神饱满、激情飞扬，出示目标、步步落实，讲练结合、夯实基础，拓展变化、提升能力，小组合作、全员参与，总结反思、当堂消化”六个方面。

（7）七个环节，“检、讲、展、论、点、测、结”，即课前检查、精讲点拨、训练展示、小组讨论、教师点评、当堂检测、消化总结。

其中，六个下功夫、六个方面、七个环节，即为“7667”高效课堂中的后三个层面。

完全做到以学生为主体，教师通过设计问题，调动学生思维，提升学生思维容量，培养学生的思维品质。

落实教学常规，准确把握学情，开展精准教学。以2023年潍坊市教学常规规范年建设为契机，严抓常规，通过学案批阅、学生疑问、教师课堂观察，准确把握学情，并有针对性地开展教学活动。下大力气抓好学案编制与使用的研究，每周两次集体备课，总结反思学案使用过程中的得失，研究下周学案的使用和编制。学案必须在精选习题、精心做题、认真批阅的基础上，精讲习题，学生认真修改，进行二次过关，以达到预期的教学目的（学案要保证选好题、做好题、批好题、讲好题、改好题、过好关）。学案须经组长审核把关、年级领导签字后印刷。

学案、课件的精品化。本学期开始前，组织各备课组进一步研究新教材、新课标与近三年的高考题目，把握考情，组编学案，打造一流学案与课件。学案的自主学习部分设计要灵活，要留空白，问题导学部分问题不可过大，特别是新授课的导学案要注重基础，关注细节，多设置问题的台阶，要将本节的内容通过问题的形式呈现出来，尽量不要采取填空的形式，而是采用读教材分析、关联图、绘表格、思考题等形式，形成知识体系。

进一步强化导学案的使用，对学案要做到前置使用、全面使用、全程使用和优化使用。学案的使用必须做到有发必收、有收必批、有批必评、有错必纠。学案要进行二次批阅，主要检查学生学案修改和完善情况，两次批阅都给出反馈评价，督促学生落实。进一步做好课件、学案等资源的收集及整理工作，把素材资源数字化、系统化。

发挥考试的评价和反馈功能，有效提升学生成绩。强化单元过关，在严把“五关”（命题关、考试关、批阅关、讲评关、纠错关）的基础上，落实考后学情会商，逐步建立学生个性化学习发展指导档案。基于各类测试，通过建立错题本、滚动式复习等形式，真正实现“四清”（堂堂清、日日清、周周清、月月清）。

在高中物理教学中
培养学生自主学习能力的探究

在新课改背景下，以生为本理念深入人心，并成为课堂教学发展的趋势，教学中越发强调学生在学习活动中的主体地位。学生自主学习能力的培养是高中教学的核心。通过对该项能力的培养，能够给学生留出足够的时间和空间，让其大胆实践操作，激发学生的问题意识与探究欲望，使得理论与实践充分结合到一起，促进学生全面发展。本节中，我将结合高中物理教学中学生自主学习现状，探究高中物理教学对学生自主学习能力培养的策略。

一、高中物理教学中学生学习现状

与其他教学阶段相比，高中课堂教学处于较为尴尬的阶段。该阶段，学生面临高考的巨大压力，学习目的和方向更为明确，但是很多教师对于教材内容的认识不够深入，使得物理教学更多的是按照教学大纲要求完成任务。高中生处于学习的黄金时期，但基于现实的考虑，教师无法摆脱高考的束缚，导致教师更注重学生的学习成绩，在很大程度上忽视了学生实践操作能力的培养，不利于学生物理知识体系的构建，且抑制了学生自主创新能力的形成。

二、高中物理教学中学生自主学习能力的培养策略

1. 注重兴趣培养

兴趣的培养是老生常谈，作为驱动学生主动学习的关键，注重对学生兴趣的培养，能够让学生从主观角度了解和认识物理，并在学习时更加投入。自主探究能力的形成具有较强的主动性，若缺乏该项能力，对于学生学习物理知识会产生不利影响。为此，物理教师要充分认识到兴趣培养的重要性。在实际教学中可以从以下两个方面入手：一方面，渗透物理学历史知识。物理学在长期发展过程中形成了独特的历史体系，这些与物理知识都存在密切的联系，教师可以将其穿插、渗透到物理教学中，让学生了解相关概念和定理，既能够避开直接学习抽象物理知识的困难，也能够拓宽学生的视野，让学生发现物理学科发展至今的艰辛，深化学生对知识的认识。另一方面，运用合适的方式和方法讲解物理概念，如类比方法。或者采用实验的方式，让学生事必躬亲，从而更具象地理解物理规律、定理。

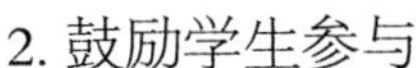

2. 鼓励学生参与

新课改明确要求，学生是学习活动的主体，学生参与度的高低直接决定教学的效果。在教学中，教师要鼓励学生积极参与，灵活开展教学活动，从根本上避免“一言堂”“满堂灌”现象的出现，帮助学生沿着知识脉络的发展构建知识体系。同时，高中物理具有抽象性特点，为了帮助学生对知识的理解，可以借助课件、教具。教师结合教材内容指导学生制作课件，协调学生手、眼等器官，让学生体会和感受到学习物理知识的意义所在。或者安排学生轮流布置作业，让学生从不同难度入手布置任务和作业，加深学生对知识的理解，帮助学生更深入地了解自己对物理知识的掌握程度，不断提升学习能力。

3. 转变教学观念

教学观念的转变是新课改的重点，直接决定教学效果，教师要从根本上突破以往的教学观念，以此来促进学生自主探究能力的提高。具体来说，教师要树立科学素养教育观，不要拘泥于知识的讲解和传授当中，更多的是注重对学生各项能力的培养，如发现问题、解决问题的能力。同时，教师要引导学生积极动手动脑，减少对自身的依赖，在师生之间建立平等的交流关系，共同学习和进步，提高学生的综合素养。再者，还需要设计科学、合理的物理教学模式，做学生的指导者和引导者，让学生自己发现问题，并学会解决问题。教师还要加强对现有物理教材内容的研究，挖掘重难点，有针对性地开展教学，逐步推动学生成为学习的主体。

4. 开展趣味教学

在传统物理教学中，为了加快教学进度，教师更多的是采取单一教学模式，课堂枯燥、乏味，学生无法集中注意力，限制了学生自主学习的动机。为此，教师要充分考虑到高中生身心发展的特点，开展趣味教学，转变学生对物理知识学习的固有认知，利用物理知识竞赛、小游戏等，调动学生的积极性，从而促进学生自主学习能力的发展。或者引入现代信息技术，如观看行星运动轨迹等，让学生更直观地了解到行星的运动轨迹，对这一方面知识的认识更加深入。

三、结语

自主学习是高中物理学习不可缺少的一部分，若缺乏该项技能，学生难以在学科之间建立联系，影响课堂教学的有效性。因此，教师要转变自身的教学观念，树立正确的思想观念，认识到学生是学习活动的主体，并采取多种教学方法，激发学生学习的兴趣，引入现代技术，营造良好、轻松的课堂氛围，引导学生发现、分析和解决问题，从而提高学生物理核心素养，获得自主学习的能力。

教学视导促提升，奋楫扬帆启新程

为提高教师教学水平，提高课堂效率，详细了解各学校教研情况，昌乐县教学研究中心视导组莅临我校进行教育教学视导工作。在视导过程中，我校材料准备充分，教师状态激情饱满，课堂实效高，得到了视导组的认可。以本次视导为契机，现召开教学研讨会，我与大家交流以下三点。

一、三件大事反思提升

1. 视导彰显实力

这次视导是对我校教学工作的一次把脉诊断，更是对我校教师教学工作的一次激励引领。讲课的教师高度重视，准备充分，课堂整体效果好，展现了教师的基本功、教学亮点以及课堂艺术的提升，为我校教育教学工作得到上级肯定作出了巨大贡献。各年级、各学科组要进一步召开学科会，表扬激励各位教师，并将视导的表现纳入考核量化中。

2. 大赛实践提升

各位青年教师基本功扎实，立体思维和平面思维相结合，在教学设计和题目设置上下了功夫，目标明确，教学重难点把握准确。在课堂大赛结束后，学校层面要组织优秀教师进行公开课展示，上好示范课，落实好 1333 听评课制度，环环相扣，提高课堂效率。

3. 研究命题趋势

“注重情境，引入时政，加强探究，提升思维”逐渐成为高考的主要考查方向和要求。高考注重培养德、智、体、美、劳全面发展的合格的建设者和接班人，培养创造型人才，培养能够为国家科技发展领先世界、全面建设社会主义现代化国家贡献力量的人才。各位教师要加强对高考题题型、题路变化的研究，把握高考命题的趋势和方向。在复习时，要重视选题，帮助学生夯实基础，提高能力，拓宽知识面，提升思维高度，注重题目的变化拓展，培养学生创新应变的能力。

二、三个落实深化教学

1. 计划落到实处

教研员根据教学进度对我们的教学计划进行了指导，各年级、各学科要以此为基

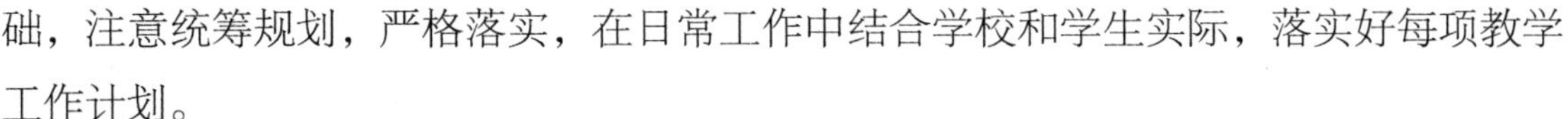

础，注意统筹规划，严格落实，在日常工作中结合学校和学生实际，落实好每项教学工作计划。

2. 教研下足功夫

在备课、研究、上课等方面要下足功夫，教研室主任和骨干教师要加强指导。包科领导和教研室主任要指导好学案编制，学案编制要立足实际，编制高质量学案，目标具体，不能假大空，要突出重点、难点。在课堂中真正落实好“精神饱满、激情飞扬，出示目标、步步落实，讲练结合、夯实基础，拓展变化、提升能力，小组合作、全员参与，总结反思、当堂消化”六个方面。

3. 课堂注重实效

立足于我校“7667 高效课堂”制度，结合教育发展趋势和高考评价体系要求，严格落实“任务驱动、目标引领、情景体验、真实探究”这四步策略。在课堂教学中充分体现学生的主体地位，注重学生学习能力的提升和解决问题能力的培养，真正做到以人为本，以学生发展为本。

三、三项实事推动发展

1. 课程落实

强化课程育人功能，音乐、体育、美术、信息通用等学习社团要开足、开齐、开好，促进学生德智体美劳全面发展。

2. 课堂大赛

基于本次视导总结和近期青年教师课堂大赛的情况，各年级、各学科继续开好学科会，反思、总结在教学过程中存在的问题，积累优秀经验。

3. 选题研究

在备课和学案编制、试题编制过程中，要在选题上下功夫，多做高考题、高考变形题、各地市的模拟考试题，让学生熟悉高考题型，了解命题规律，提高应变能力，明确复习方向。

教而不研则浅，研而不教则空。希望各位领导和老师们，能够借这次视导的东风，规范教学行为，优化课堂结构，明确下一步教学工作目标，进一步提高教育教学质量，乘势而上、开拓进取，促进我校教育工作再上新的台阶！

2023 年 2 月 13 日

以教研促提升，以落实促发展

——办公会会议发言记录

本周在后勤服务保障、课堂、常规等方面，都有明显的提升。特别是各位领导积极参与听课，检查各位教师的常规教学材料，对日常教学工作成果有了进一步的了解，也大大增强了我们对各位教师的信心。整体来看，常规、课堂和期中考试取得的成绩是一致的，教学常规代表着学校成绩，成绩是学校过程管理的体现，是教学常规的反映，是工作落实在数据上的展示。

今天的会议主题是教学研究。我先结合听课、评课情况对近期教学工作进行反馈。我通过听课评课，总结了教师们在教学方面的六大优点。

（1）教师基本功扎实，精神饱满，激情飞扬，师生表现突出，状态良好。

（2）目标具体，以导学的形式呈现，能操作、可视化。

（3）教为主导，老师发挥引领作用，将教学重心放在讲规律、指导方法和突破重难点上。

（4）以学为主体，充分调动学生的课堂积极性，真正落实了课堂教学六个方面中的“讲练结合、夯实基础，拓展变化、提高能力，小组合作、全员参与”。

（5）注重拓展变化和思维提升，引导学生共同思考，互相质疑。

（6）目标达成度高，当堂练习，当堂落实效果好，创新意识强。

为了让各位教师在今后的工作中有更多的成长和进步，针对课堂教学过程中存在的问题，我提以下几点建议。

（1）进一步精雕细琢研究最高水平的学案，作为课堂的拐杖，引领课堂再现，重视学案的集体研究和定稿，学案的使用要统一，年级要把好关。

（2）各科教师都要坚持立德树人的根本任务，体现学科育人功能，与高考趋势相衔接。

（3）加强对课堂时间的调控和整体节奏的把握。

（4）要充分利用前、后黑板。

（5）课堂上拓展变化提升能力，课后抓落实巩固知识。

在教学常规方面，希望各位教师做到六个“下功夫”：在个人备课上下功夫，在集体研究上下功夫，在学案批阅上下功夫，在讲练结合上下功夫，在拓展变化上下功夫，在因材施教、谈话指导上下功夫。此外，学校和年级层面调控好，要继续发扬英语、语文练字本，全员导师制等优秀做法。同时，积极开展示范课、教学研究课，鼓励年轻教师多听课，学习经验，交流做法，不断完善自身技能，提高教学能力。

在本次教学会议结束之后，在今天检查的基础上，包科领导带头，教研主任、备课组长共同对备课本、听课记录等学科层面的常规材料再次做好检查量化。各学科要及时将评价结果反馈下去，及时交流沟通，促进教学工作的进步。领导们也要尽快将期中总结完善好，并制订好下一步的工作计划。

希望各位领导、老师以本次教学研讨为契机，以教学为中心，进一步抓好常规管理，打造高质量的教学团队，为学校的发展贡献力量，办好人民满意的教育！

2022 年 11 月 25 日

强化教研提质，促进协同育人

——教研室主任会议发言记录

今天会议的背景有三：第一，市里、县里的研讨会刚刚结束；第二，县里视导结束后，反馈的问题在落实上还有欠缺；第三，这段时间我个人听课比较多，特别是周六、周日两天在潍坊参加了全省高中校长培训，经过听取和学习先进的经验做法，感触很深，激发了很多思考。另外，各科教研主任在心态、能力、落实力度上也应该进一步提高，我在这里一并和大家交流。

一、高考考查注重评价标准

高考以立德树人、服务选才、引导教学为核心评价功能，考查立足于“四层四翼”。“四层”为考什么，即核心价值、学科素养、关键能力、必备知识；“四翼”为如何考，即基础性、综合性、应用性、创新性。特别是2022年的高考题，在育人的显性、隐性考查方面加大了力度，试卷结构和题型都发生了明显的变化，突出了高考的育人功能、选拔功能、创新功能、教学考试的衔接功能以及学生解决真实问题的能力。并且与样卷相比，考题有较大的变化，需要我们提高应变能力。

因此，我们在教学中要做到真正落实国家课程标准，夯实基础知识，立足于基本功；提高实践能力，摒弃盲目刷题的教学习惯，通过做题来提升答题的速度和答题能力，但不能盲目依赖，尤其要注重在思维能力上不断拔高；切实提高学生从实际问题和实际情境中提炼问题、解决问题的能力。

总体来说，就是把握好基础、实践、思维和解决问题能力的提升，这样我们的教学才能干到实处，走在前列。

二、真正发挥教育的育人功能

教育的目的就是培养德、智、体、美、劳全面发展的合格的接班人和社会主义建设者。所以，高考考题体现了教育的育人功能，是否爱党、是否爱国、思想态度是否端正，这些不仅反映在政治学科上，而且在各个方面都有明确的凸显。

我校2019届学生之所以取得优异的成绩，有以下三个原因。

（1）在于对育人的重视。我校重视活动育人，打造育人环境，促进学生全面成长。在平时的学习生活中，班主任和教师重视育人工作，反复强调学科育人，只要牵扯育

人的知识点，一定要重点讲。

（2）拓展、变化、提升做得好。学科组长自己编题，从情境中提炼问题，通过做题、训练，让学生的能力在潜移默化中得到提升。

（3）基础夯得实，思维能力拔得高，落实到位。从育人功能，到思维能力的拔高，再到基础知识的夯实，真正在这三个方面下功夫，才有了良好的教学效果。

三、课堂教学效率高

从近期听课情况来看，教师的整体水平有很大提高。从态度、目标、课堂的核心功能，讲练、拓展、小组合作探究，到最后的总结、消化、当堂反思都落实得比较好。基本达到了我们要求的六个方面：精神饱满，激情飞扬；出示目标，步步落实；讲练结合，夯实基础；小组合作，全员参与；拓展变化，提高能力；总结反思，当堂消化。

在听课过程中我也发现了很多亮点。例如，高一地理课设计了听写纸；数学课及时在当堂进行限时训练，尤其是高三王主任的课，最大的亮点在于学生讨论之后，教师适时地切入、解读、拔高，利用问题提高学生的思维能力，体现了一个老教师的功底；高三赵老师对于作文的讲解也非常精彩，从人物到事迹，讲得实，讲得有用，学生听完收获很大；高二的课堂要继续严格要求学生的坐姿、学习状态。

落实目标教学的要求，不只是让学生理解、了解、掌握，而是要通过做哪些题、读哪些片段，达到什么目的，做到具体化。

整体来说，我们在教学上做得扎实有效，但是还要进一步发现问题、解决问题。发现问题是态度，解决问题是能力。

下面我和大家交流六个方面存在的问题，希望大家认真反思、改进。

1. 作风建设

各位教师日常必须着正装，拒绝奇装异服、浓妆艳抹、戴耳环；杜绝迟到，早退，缺课，严格按照制度落实；严禁带手机进课堂，在会议期间不要玩手机。

2. 精神状态

开学以来，各位教师精神饱满，激情飞扬。作为一位教师，无论心情如何，只要上了讲台，就要谨记自己的职责，杜绝将负面情绪带进课堂。

3. 目标意识

目标设计要以学生为主体，学案上的目标要具体，课堂上必须把目标板书到黑板右侧，不要一带而过，要让学生真正明确目标。

4. 突出落实

在课堂上把握住讲练结合，夯实基础，拓展变化，提升能力，小组合作，全员参与，这是课堂落实的重点。

5. 思维导图

思维导图有助于理解、记忆、掌握知识，要引领学生构建基本的框架、知识树，帮助学生更好地理解并掌握知识，在时间充足的情况下，让学生自主构建，有利于思维的发散和拔高。

6. 学案编制

学案编制是课堂教学的真实反映，起到很好的辅助教学作用，要以学案为拐杖、为依托，设计好必要的环节、习题和问题。

下一步，我们要落实以下做法。

1. 开好学科会

市、县、教研会的精神，包括今晚会议的精神，要通过教研主任和各科领导进一步传达落实。

2. 包科领导和教研主任携手共进

服务好，牵好头，真正管理好，落实好。包科领导起到稳定作用，要真正考虑，办实事。

3. 搞好集体研究

只有搞好集体研究，才能把握好教学方向；方向对了，才能事半功倍。两次集体研究第一次重视学案的定稿，第二次重实用。周六上午的集体备课要保证时间充足，确保课堂质量。

4. 统筹安排，提前规划，未雨绸缪

早安排好任务，早做，提前一周备课。

5. 资源利用

教研主任要指导各位教师充分利用教育平台资源，多与教研员进行沟通交流。

6. 领导“1333”上课听课评课制度进一步落实

领导及时上好示范课，每周至少听三节课，参加三次集体备课，与三名教师或学生谈话。

本次教研室主任会，既是对近期教学工作的全面总结与梳理，也是对下一步教学工作的构思与布置。希望各位包科领导和教研主任，在今后的教学中明确努力方向和工作重点，引领全体教师共同成长进步，为学校的发展贡献力量。

2022 年 9 月 22 日

精研教学提质量，细化管理促发展

——全体教职工大会发言记录

为优化课堂教学，促进青年教师专业成长，我校前期举办了青年教师课堂大赛。在全体参赛教师的积极准备和评委及工作人员的辛勤付出下，大赛圆满结束。在这里，我对获奖的教师表示热烈的祝贺，也希望本次大赛中没有获奖的教师，在后面的教学中再接再厉，提升自己，争取在今后其他的活动中崭露头角。

疫情的原因，我校青年教师课堂大赛历时较长，但这也给了各位教师更加充足的准备时间。通过大赛听评课情况来看，老师们表现出色，在课堂上精神饱满、激情飞扬，调动学生积极互动、展现自我，课堂效率高，尤其是展示课，精彩纷呈，亮点颇多。以此次大赛为契机，对我校近期工作进行总结和安排。

在教学方面，大家得到了如下提升。

首先，整体研究能力得到提升。从学科内互相学习，到跨学科展示，每一堂课都凝聚着授课教师和包科领导、教研室主任以及备课组全体老师的心血。展示课不是单兵作战，而是团队协作能力的发挥和学科教研组实力的展示。因此，每一堂课都发挥了最高水平，展现了老师们的教学能力。

其次，学案编制水平得到提升。学案是学生学习的拐杖，有了好的学案，才能更好地打好基础。学案编制目标清晰，达到了“明确能执行、具体可操作”的标准，大大提升了课堂教学效率和学生的自主探究能力。学案核心部分包括讲练结合、拓展变化的题目，以及小组全员参与、合作探究的问题设置都非常有效。另外，各学科注重思维导图的使用和课堂知识的总结反思，帮助学生明确知识结构，更好地融会贯通。

最后，课堂教学效率得到提升。我们一直提倡“教为主导，学为主体，思为主攻，练为主线”的教学模式。为了更好地做好任务驱动、情景体验、真实探究等教学环节，在课堂上更好地感染和调动学生，学校始终要求落实“7667”高效课堂制度，即“出示目标、步步落实，讲练结合、夯实基础，拓展变化、提高能力，小组合作、全员参与，总结反思，当堂消化”。从听评课情况来看，从编制学案指导自学，目标展示、解读，到课堂上提问学生，调动学生积极性，让学生动口、动手、动脑，再到基础的夯实，都比原来得到了很大的提高，学生思维高度和思维能力也随之得到了提升，真正做到了让学生说、让学生讲、让学生做、让学生思。

虽然通过课堂大赛，能看到我们的教学工作有了巨大提升，但后面的工作我们仍不能懈怠，要继续在三个方面下功夫：

在学案编制方面下功夫。学案是高效课堂的核心，对学生学习起到引领作用。因此，学案的水平代表了学科整体水平，也是学生个人成绩在平时最好的体现。所以我们要重视学案内容的设计，加强学案落实的力度，每周拿出时间集体研究、编制学案。

在调动学生方面下功夫。教师讲课时间不要过长，对重难点适时地进行点拨，要留出充足的时间调动学生思考问题，让学生通过讨论、思考、总结，将知识内化于心。在此基础上，注重当堂实训，通过拓展训练提高思维能力。

在集体研究方面下功夫。继续上好领导示范课，教研室主任、骨干教师、各学科优秀教师展示课，全体教师认真参与，积极听课。各学科开好学科会，研讨、总结、提升，切实把课堂效率落实到底。

招生是我校工作的重中之重，是学校综合实力的体现。学校教学管理质量提高了，招生才能大有成效。近期学校的招生工作已经陆续开展，我们要严格遵守上级规定，在以下三个方面加强落实。

首先，加强师德师强学风建设。作为教师，我们要尊重、包容每一位学生，关爱、帮助每一位学生，关心每一位学生的成长和进步。在学习上，要因材施教，注重优等生提高的同时，也要去关注后进生，耐心、细心地辅导，帮助他们树立学习信心。在生活上，要多和学生沟通，关心爱护学生成长。

其次，推动名师工作室建设。为发挥骨干教师的引领和示范作用，建设高素质高水平的教师队伍，我们建立备课组长、班主任名师工作室，以老带新，互相帮扶，促进青年教师业务能力提升。

最后，推进校级荣誉评定。为充分调动教师的工作热情，完善教师评价考核机制，将 20% 的分数比重分配到学校，作为教学成果评定、职称评聘和评优评先等方面的重要依据。希望各位教师积极参加各项活动，提升自身能力，为学校发展作出贡献。

根据上级领导的要求，结合我校实际情况，我和大家简单交流一下在今后的教学

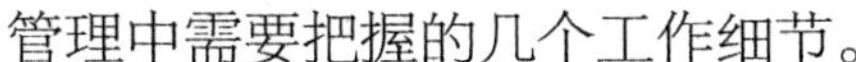

管理中需要把握的几个工作细节。

一、教学方面

研究是重点，要明确方向；落实是关键，抓课堂效率。高三、复读年级以专题复习为切入点，关注学生漏洞，突出重难点，注重思维能力的提升，因材施教，抓好边缘生，通过边缘生辅导进步，切实提高上线人数。高一、高二年级注重基础知识的夯实，为思维的灵活转变打好地基。在这个基调下，要做好以下三件事。

1. 总结大赛经验

进一步做好反思总结提升，优秀教师上好展示课，教研室主任、包科领导衔接好示范课。

2. 评选教学能手

各年级、各学科积极推选最优秀的教师参评，争取能够在后面县里乃至市里的评选中有所收获。教学能手也要发挥好榜样作用，评选结束后，上好展示课，帮助同学科教师成长进步。

3. 提高课堂效率

各学科要坚持集体研究、组内磨课，每周针对下一周的教学内容和学案编制展开研讨。通过集体备课完善课堂教学环节，提高课堂教学实效。要根据学生特点、教材特点、内容特点，编制最实用、有效、最高水准的学案。以学案为抓手，引领学生自主学习，提高高效课堂质量。

二、管理方面

管理层次有了大的提升，但仍有很多问题需要我们重视。从教育处常规量化检查反馈的问题来看，高二和复读班级虽然表现优异，但不能松懈，要抓好常规管理，促进教学提升。高一表现相对较差，要进一步查明问题，注重细化研究，开好专题会、班主任会，深入下去，着力解决存在的问题。

为了我们的管理水平能继续攀升，在常规方面要做好以下三件事。

1. 严查仪容仪表

仪容仪表看似是小事，实际上不仅彰显着学校的精神面貌，更体现了学生的学习态度。因此，我们要对仪容仪表常抓不懈。各班级、年级和教育处进一步做好检查，让学生养成穿校服、不奇装异服、不戴首饰、不烫发染发、不文明交往的良好习惯，形成班风正、学风浓的校园环境。

2. 严控隔墙递物

严禁拿取外卖、隔墙递物，需要家长送的东西要提前和班主任沟通好。各年级开好年级会、班主任会，继续对学生强调好、落实好。班主任作好检查督促，教育处加强跟踪落实。

3. 严格值班检查

做好教室、办公室、宿舍的卫生检查，营造良好的学习和办公环境，帮助学生养成良好习惯。常规检查落实好的基础上，重视突击检查。晚自习和晚睡期间，带班领导和各年级值班班主任对校园进行突击检查，及时反馈值班情况。

教学质量是学校的生命线，教学管理是教学质量提升的基石。在今后的工作中，我们要进一步强化作风，规范管理，扎实研究，砥砺前行，不断提高凝聚力和战斗力，形成一支作风素质硬、业务能力强、教学水平高的教师队伍，提升我校教育教学质量，让每一位学生成长、成才，共同谱写高中灿烂辉煌的新篇！

2023 年 3 月 18 日

牛顿第一定律课堂实录

一、教学目标

（1）物理观念。牛顿第一定律和惯性。

（2）科学思维。理想实验：伽利略理想斜面实验。

（3)科学态度和责任。亚里士多德从无到有、勇于突破。伽利略敢于质疑、坚持真理，牛顿谦虚谨慎、专注创新。

二、教学过程

教师和学生一起解读本节课的教学目标，让孩子们知道这节课要学什么（出示目标，任务驱动）。

老师：我们初中已经学过了牛顿第一定律。那么，它是在什么背景下提出的呢？带着这样的疑问，我们来共同探讨和学习这一节课（牛顿第一定律）。

1. 新课展示

（1）力和运动有什么关系呢？

老师：同学们认真观察下面的实验，把小车倒过来推一下。推了一下，很快就会停下来，为什么？（情境创设，引入新课）

学生：力是维持物体运动的原因； 观察、直觉和经验。

老师：我们直观感受到的观点和亚里士多德的是相同的。这个错误观点由于符合人们的主观感觉和经验，在将近两千年的时间里，没有人对此质疑过，但是在水平方向运动的物体真的需要力来维持吗？伽利略对此提出了质疑。

老师：造成亚里士多德得出错误观点的原因是什么？刚才的实验现象是不是支持了它的观点？它忽略了什么？

老师：认真观察接下来的实验，把小车正常放置，推一下小车。

学生：小车运动得远了。

教师：再用乒乓球推一下。

学生：乒乓球更远了。

教师：它忽略了什么？为什么会这样？

学生：忽略了摩擦阻力的影响。

老师：最先悟出这一原因的是 17 世纪意大利物理学家伽利略。他观察到，在推力作用下运动的小车，撤去推力后，小车并不是立刻停止，而是运动了一段时间才停下来。撤去推力，小车仍可以运动，这就说明了“力是维持运动的原因”这一观点，并不是力和运动的真正关系。为了找出力和运动的真正关系，伽利略巧妙地设计了一个实验（初中学过的斜坡实验），这个实验把他深邃的思想和超人的睿智体现得淋漓尽致。

那么，这到底是一个什么样的实验呢？

伽利略的实验如下。

①实验过程。

PPT 展示：层层设问，步步深入，让学生经历伽利略的思考过程，体验理想实验的科学研究方法。

实验（一）：让小球从一个斜面的某一个高度静止释放。

老师：让小球从一个斜面的某一个高度静止释放，小球的运动情况如何？试着描述出来。

学生：小球滚上另一个斜面，到不了原来的高度就返回了，然后在两个斜面间往返运动，高度越来越低，最终停在斜面的低端。

老师：小球为什么达不到原来的高度，而且最终又停下来呢？

学生：受到摩擦阻力的作用。

老师：设想斜面光滑，没有摩擦，小球的运动情况如何呢？

学生：小球将达到跟原来同样的高度，然后在两个斜面间往返运动，永不停息。

老师：如果减小第二个斜面的倾斜度，小球的运动情况如何？和前一次有什么异同呢？

实验（二）：减小倾斜度再次试验。

学生：小球依然达到同一高度，但经过的路程会更长，用的时间也更长。

老师：推想一下，如果持续减小第二个斜面的倾斜度直到水平，小球的运动情况如何呢？

实验（三）：再次减小倾斜角直到水平。

学生：小球走的路程越来越长，所需的时间越来越长，最终仍会停下来。

老师：设想当第二个斜面变成水平面，斜面光滑，那么小球的运动情况如何呢？

学生：小球将沿着光滑的水平面一直运动下去，永不返回。

（特色实验展示：使用教师自制的长轨道，推动小球，小球基本匀速运动。让学生更直观地感受小球的运动情况。）

师生总结如下：小球在水平方向上不受力，仍可以运动，这就说明运动并不需要力来维持。伽利略由此得出结论：力不是维持运动的原因。

【过渡引导】

伽利略实验的整个过程，都是在假设斜面光滑没有摩擦的前提下进行的，而绝对光滑的斜面是不存在的，所以说伽利略的实验是一个理想实验。那么，什么是理想实验呢？

②理想实验。

在学生稍加讨论后，给出理想实验的概念。

理想实验是在思想中塑造的一种理想过程。它是以科学实验为基础，以科学事实为根据，突出主要因素，排除次要因素，运用逻辑推理，揭示物理世界的内在联系，发现物理规律。这是科学研究的重要方法。

【过渡引导】

在伽利略实验的基础上，法国科学家笛卡儿对力和运动的关系做了进一步的推论，他的观点是什么？

学生：如果运动中的物体没有受到力的作用，它将继续以同一速度沿同一直线运动，既不停下来也不偏离原来的方向。

在伽利略和笛卡儿工作的基础上，英国科学家牛顿对他们的观点作了进一步的补充、完善和总结，提出了牛顿第一定律。

（2）牛顿第一定律 。

①概念。

一切物体总保持匀速直线运动状态或静止状态，除非作用在它上面的力迫使它改变这种状态。

让多名学生多次阅读，加深理解和记忆。

②教师引导学生找到概念中的重点。

a. 一切物体。

b. 力是改变物体的运动状态的原因，力是产生加速度的原因。

c. 揭示了一切物体都具有的一种固有属性——惯性。因此，牛顿第一定律又叫作惯性定律。

【过渡引导】

老师：那么惯性和什么有关呢？谁是惯性大小的量度？

（3）惯性。

①定义：物体保持匀速直线运动状态或静止状态的特性。

②说明：

a. 一切物体都有惯性，惯性是物体的固有属性。

(为更好地理解“一切”和“固有”，设计以下几个问题)

问题 1：地球上的物体有惯性，太空中的物体有惯性吗？

问题 2：人行走时有惯性，静止时有惯性吗？

问题 3：请同学们列举一些生活中有关惯性的例子，并作出解释。

b. 惯性是物体的固有属性，那么惯性有大小吗？

演示实验：在桌面上放一个乒乓球和一个橙子，让一个学生配合演示。用嘴吹气，观察实验现象。

观察到乒乓球一吹就跑了，而橙子要吹气很大才能运动。说明了什么？

乒乓球和橙子运动起来的难易程度不同。

师生总结：质量不同的物体，保持原有运动状态的本领是不同的，质量越大，保持原有运动状态的本领越大，物体的惯性就越大；相反，惯性越小。可见，物体的惯性是有大小的，并且质量是物体惯性大小的唯一量度。

结论：质量是物体惯性大小的唯一量度，与速度和受力无关。

学生观看视频，人坐在汽车上，当汽车加速、减速时人的运动状态。

总结：力是改变物体运动状态的原因。

2. 相关习题并讲解（讲练结合）

（1）科学家关于物体运动的研究对树立正确的自然观具有重要作用。下列说法符合历史事实的是 （　　）。

A. 亚里士多德认为，必须有力作用在物体上，物体的运动状态才会改变

B. 伽利略通过“理想实验”得出结论：一旦物体具有某一速度，如果它不受力，它将以这一速度永远运动下去

C. 笛卡儿指出：如果运动中的物体没有受到力的作用，它将继续以同一速度沿同一直线运动，既不停下来也不偏离原来的方向

D. 牛顿认为，物体具有保持原来匀速直线运动状态或静止状态的性质

这个题很多同学漏选 B，应该选 BCD。

老师：伽利略得出什么结论？

学生：力不是维持物体运动的原因。

老师：那我们再读一下 B 选项，B 是正确的。

学生：说明对物理语言描述理解有所欠缺。

（2）下列说法正确的是（ ）。

A. 牛顿第一定律是实验定律

B. 牛顿第一定律说明力是改变物体运动状态的原因

C. 同一个物体，速度越大，惯性越大

D. 物体的运动不需要力来维持

这道题学生的错误主要集中在选项 A。

老师：牛顿第一定律是通过事实—推论的实验和逻辑推理的方法得到的，不是实验结论。

（3）下列关于惯性的说法中，正确的是（ ）。

A. 人走路时没有惯性，被绊倒时有惯性

B. 百米赛跑到终点不能立即停下来是由于惯性，停下来时就没有惯性了

C. 物体没有受外力作用时有惯性，受外力作用后惯性被克服了

D. 物体的惯性与物体的运动状态及受力情况均无关

老师：质量是惯性大小的量度，跟运动状态无关。

小组合作探究本节课所学，并解决疑问点。

根据疑难问题进行小组讨论，其中 3、4、6 组讨论得最好。

从 6 个组讨论的情况可以看出对于惯性与质量相关的这个点掌握比较到位，对于牛顿第一定律的物理发展历程还需要进一步记忆理解。

3. 当堂总结

学生甲：从亚里士多德的力是维持物体运动的原因到伽利略的力不是维持物体运动的原因，再到笛卡儿物体将以一个速度沿着一个方向运动，最后到牛顿总结出牛顿

第一定律。

学生乙：这节课学习了牛顿第一定律，一切物体总保持匀速直线运动状态或静止状态，除非作用在它上面的力迫使它改变这种状态。

教师总结：回扣学习目标，总结本节所学。

（1）物理观念。

牛顿第一定律和惯性。一切物体总保持匀速直线运动状态或静止状态，除非作用在它上面的力迫使它改变这种状态。惯性只跟质量有关。

（2）科学思维。

物理发展：亚里士多德 伽利略—笛卡儿—牛顿。

伽利略理想斜面实验：事实—推论的理想实验科学推论的方法。

（3）科学态度和责任。

亚里士多德从无到有、勇于突破，伽利略敢于质疑、坚持真理，牛顿谦虚谨慎、专注创新。

延伸知识：学习了惯性，我们明白了坐车时一定要系安全带的原因。

2021 年 1 月 21 日

这样说课我得了高分

我接到市教育局通知，于 8 月 10 日到潍坊高新区实验学校，进行潍坊名师说课答辩。早晨 7:00 我准时到达高新实验学校，到指定教学楼集合后，首先上交手机，然后抽签确定说课顺序，我抽到了五号签。按规定抽到题目后只能准备 30 分钟的时间，因此我继续在教室内等待抽说课题目。大约过了一个小时，终于轮到我了，到第二个教室去抽了题目，抽到的题目是《弹力》这一节，这是一节来之前我没有准备的题目，心里有点慌。我稳定了一下情绪，在老师的带领下到了第三个教室进行准备。经过进一步研究教材和联想平时教学情况，我按以下三个步骤进行了说课。

第一步，教材分析。

首先，本节课在教材中的地位，非常重要，起到了承上启下的作用。承上是因为上一节是重力，重力这一节学生在初中学过，有一定基础，这一节的接受比上一节的要难一点；启下是因为下一节是摩擦力，这是力学学习中比较难学的一节次，而只有学好这一节课，才能理解好摩擦力，产生摩擦力的条件之一就是有弹力。

其次，教材的重难点。本节课的重点是弹力的方向判定及弹簧的弹力大小计算。难点是从微观方面理解弹力的产生条件和用数学方法推证胡克定律。

最后，教法。针对这节课的特点，我采用微观放大演示、实验探究、讨论探究法。

第二步，学情分析。

学生在学习过程中遇到的问题主要有以下两个方面。

（1）学生对弹力产生的条件无直观认识，需要放大显示。

（2）学生利用数学工具推导物理公式的能力还需提高。

针对以上情况我设计了以下学法。

（1）让学生多观察实验，如弹簧、橡皮筋、海绵、弓箭等易于观察的形变，让学生增加感性认识。

（2）用几何光学知识显示微观形变让学生观察，如显示桌面的微小形变。

（3）设计图表引导学生逐步推证胡克定律。

第三步，教学过程设计。

（1）创设情境，引入新课。让学生观察奥运会上射箭的场景，并利用桌面上的弹簧、海绵、橡皮筋等器材观察拉长和压缩的情况后很自然地引入新课并引出形变、弹性形变、非弹性形变、弹力的概念。

（2）分组实验，课堂探究。

探究一：拉力、压力、支持力的方向判定。让学生观察用手挤压玻璃瓶内水上升的情况，几何光学方法显示桌面的微小形变，物体拉伸橡皮筋的情况，学生自己总结得出结论。

探究二：让学生测量弹簧的伸长和对应的悬挂钩码的关系，填表后展示点评得出结论。

（3）课后习题，当堂检测。利用课后三个习题，对学生进行当堂检测，让学生做到当堂知识当堂掌握。

（4）布置作业，课后拓展。

以上三步层层推进，我的说课过程流畅自然，获得各位评委的一致好评，获得了高中组说课 95.4 分（排名第二）的好成绩。

对于这次说课我的感悟如下。

（1）平日积累，临场心不乱。用普通话脱稿演讲，冷静沉着处理突发事件，评委反映好。

（2）组织人员应及时说“开始”口令，否则何时开始计时有争议。以后注意，到达指定教室就开始。

2015 年 1 月 21 日

立足评价体系，明晰教学方向

——语文公开课《老人与海》评课记录

通过近几年高考命题趋势来看，命题者立足于课本，但不拘泥于课本，更注重对于能力、思维、价值观的考查。结合高考评价体系和课程标准，我从以下三个方面对本节课进行点评。

一、为什么考（教育根本问题）

突出核心：高考评价体系的核心，即“立德树人、服务选才、引导教学”，紧紧围绕着“培养什么人、怎么培养人、为谁培养人”这一教育根本问题，系统化地阐述为什么考。其中，服务选才和引导教学都是服务于“立德树人”的。本节课刘迎迎老师对立德树人功能的把握游刃有余。

立足课本：《老人与海》这部作品在世界范围内广受欢迎。一条船，一把鱼叉，老人圣地亚哥与鲨鱼多次交锋，尽管年老体衰，身心俱疲，但他仍未放弃。正如书中所说的：一个人可以被毁灭，但不能被打败。信念是不屈的，信念可以战胜一切，教师要注意在教学过程中培养学生自强自信、敢于挑战、永不屈服、永不放弃的精神品质。

国家层面：我国在国泰民安、稳定发展的大局面下，也隐藏着重重困难，受国内外疫情反复的影响，经济面临下行压力和挑战。因此，克服疫情影响，保障民生稳定，保证人民身体健康和经济稳步增长是我们必须战胜的困难。

个人层面：课堂上，刘迎迎老师通过一个小练笔，让同学们联系实际写出老人在“成就自我”中带给大家什么启示，开拓了学生的思维。学生在学习和生活中遇到的困难，就是“鲨鱼”；“鱼叉”即学习材料、同学和老师的帮助。我们要引导学生学习老人坚毅、顽强的拼搏精神，教育学生在面对挑战时要保持“会当水击三千里”的自信；挺起“泰山压顶不弯腰”的脊梁；涵养“乱云飞渡仍从容”的定力。

二、考什么（考查内容）

必备知识、关键能力、学科素养、核心价值是高考评价体系的四层考查内容。作为语文教师，在字、词、句、读、写方面，要有最基本的知识储备。本节课，刘老师充分体现了关键能力，引领同学们读课本，通过梳理文章脉络把握中心思想，在知识层面、能力层面、精神层面均有所收获，在知识、思维和品质上有所提升。

要重视阅读课程，基于学科素养培养学生的阅读能力，使学生在阅读过程中积累知识、提升想象力，从而潜移默化地锻炼学生的写作能力，充分发挥阅读教学的育人功能。教师要以身作则，多读书，也要引导学生多读书、读好书。写作教学要贴近学生，让学生易于动笔、乐于表达，尤其要引导学生关注现实，通过结合实际去抒发真情实感。在日常学习过程中注重名句整理，扩大知识面，积累写作素材。

在今后的教学中，要注重语文学科素养，实现核心价值与关键能力、必备知识的有效融合。同时，阅读和写作要针对实际，凸显核心价值导向。

三、怎么考（考查要求）

高考评价体系突出基础性、综合性、应用性、创新性。以语文高考题型为例，阅读的长度、思维的高度都有一定的提升，我们要立足于字、词、句、文，在读写能力、挖掘材料能力和联系时事能力上多下功夫。

我对本节课课堂细节的点评如下。

（1）激情有待进一步提高，娓娓道来和激情四射要相互结合，起到润物细无声的作用。

（2）目标具体明确，落实到了课堂教学中。

（3）讲练结合、夯实基础、拓展变化、提升能力、小组合作、全员参与整体上落实得好，关键环节把控到位。

（4）总结反思和当堂消化设计得好，起到了升华的作用。

语文教学过程中的亮点如下。

（1）课前演讲。

（2） 课下练字。

（3）新闻一周看。

（4）及时整理时事形成材料、范本，提高学生写作能力。

希望各位教师以这节公开课评课为契机，在今后的教学工作中加强阅读，强化研究，求真学问，练真本领。本着育人为本、因材施教的理念，帮助学生发展进步，为我校教育质量的提高助力。

2022 年 11 月 3 日

激情飞扬，育人为本，思维提高

——听田主任示范课后评课记录

9月27日下午第三节、第四节课，我听了田主任的示范课，并对这次课提出了中肯的点评和建议，现共享如下。

一、对田主任示范课的评课

（1）精神饱满，激情飞扬。老师有优秀的精神面貌，学生坐得也很端正，没有不听课的学生，这也和年级及班主任的管理息息相关。

（2）出示目标，步步落实。针对学生情况，目标具体，落实到位。

（3）讲练结合，夯实基础。有讲有练，难易结合，由浅入深，逐步提高，从而达到这节课想要的效果。

（4）拓展变化，提升能力。变式题目练习多，注重了思维的拔高。

（5）小组合作，全员参与。小组合作不作秀，形式多样化。过去是精英教育，适合满堂灌式的教学，但近几年是大众教育，需要老师利用各种手段调动学生学习的积极性，避免学生跟不上的问题。

（6）总结反思，当堂消化。注重总结，特别是给学生思考时间，当堂检测，效果很好。

二、对年轻老师的建议

（1）苦练板书、语言、运用多媒体的能力。这是立足之本。

（2）认真研究、吃透教材。研究课本的基本内容、基本习题和材料，特别是高考题，要多做高考题，养成一种习惯。

（3）爱生如子，多和学生沟通。学高为师，身正为范，虽然和学生没有代沟，但要让学生敬畏，在一言一行、一举一动上要体现好老师的风范，在生活中要多关心学生。

三、需要注意的三个小细节

（1）容量稍大。思维容量稍大，有些学生可能需要一段反应时间，当然这也有利也有弊，对于好学生来说，是必不可少的。以后适当注意，依据学生学情确定内容。

（2）多方面调动学生。板书、课件、多媒体、大量爬黑板等多方调动，特别是后黑板的使用，可不受听课老师影响，要大量使用。

（3）年级层面：学生的英语和语文书法，要继续练习。自习时间要继续落实课堂内容，通过限时训练或一天一考的形式再练习、再巩固。

2022 年 9 月 27 日

学校物理课堂教学比赛总结发言记录

本次课堂教学高一、高二年级共六人参加，虽然绝大部分是近一两年参加工作的年轻教师，但是通过比赛情况来看，因为大家参与的积极性高，准备充分，发挥出了各自的高水平，比赛取得了圆满的成功。

一、此次比赛的优点

（1）学生参与积极性高，课堂上师生互动好。

（2）课堂有共性也有个性，既体现了集体备课的集体智慧，又能体现各自的特点与个性。

（3）教师语言简练，普通话水平高，课堂驾驭能力出色，体现出很高的教学素质。

（4）课堂教学注重物理理论讲解，能够体现物理探究的思想。

（5）课堂上对重点、难点的讲解透彻，练习充分，学生掌握扎实。

（6）课堂目标意识强，重点突出，环节清晰，体现出备课的充分和上课的认真。

（7）重视现代教学技术的运用，课件制作精良，充分运用了互联网的信息。

二、建议

（1）书写需要再工整美观，有些课堂内容稍显单薄。对于物理理论教学需要加大集体备课力度，需要深度挖掘。

（2）在课件使用时注意取舍合理，不能太多太滥。

（3）课堂提问可以多模仿一下高考题，让学生培养高考思维。

（4）课堂气氛可能因为听课的原因稍显沉闷，老师讲得多，学生动得少。高一、高二年级的课堂，尽量做到学生多动、老师少讲，多布置让学生来完成的任务。

（5）复习课要注重知识框架的建立，通过学习发现教学中的不足和薄弱环节，因此需要以练为主，注重发现问题。

总之，这次比赛是成功的，老师们的水平是非常高的，以后的教学一定会取得优异的成绩！

2022 年 10 月 11 日

充分准备，精心研究，提高效率

——物理组评课发言记录

一、问题

（1）黑板展示教学目标的问题，学生应在课间将教学目标展示到最右侧黑板上，课堂上教师与学生分秒必争。

（2）本节课三个精彩亮点要展示。

①牛顿管展示轻重不同的物体下落快慢的演示实验。

②打点计时器求自由落体加速度实验。

③学案例题或课本课后习题学生小组合作“测量个人的反应时间”实验。

二、课堂评价及梳理

1. 课堂评价

（1）教学过程注意讲练结合，夯实基础，拓展变化，提高能力，小组合作，全员参与。

（2）物理教学过程中要注意任务驱动，情景体验，真实探究。要让学生体验知识形成的全过程，体验思维形成的全过程。

（3）要将物理课讲得有兴趣、有意义、有实效。

2. 课堂梳理

教学目标如下（课间展示到黑板上）。

（1）通过演示实验总结自由落体运动的概念。

（2）通过演示实验得出自由落体加速度的规律特点以及重力加速度的数值。

（3）将匀变速直线运动的规律与自由落体运动的特点结合，解决学案及课本例题。

3. 教学过程

上课解读本节目标，让学生明确本节学习内容。本节目标如下。

（1）课本预习亚里士多德得出结论过程。

（2）学案通过对纸团和纸片自由下落的比较引起学生兴趣。

（3）运用身边的器材，例如黑板擦（粉笔）与纸片，比较两者下落快慢。引出问题：重的物体及轻的物体谁下落快？（通过演示实验引出亚里士多德的观点：重的物体下落快。）

针对目标（1）提出以下问题。

①若把最开始的纸片握成纸团再来比较两个物体下落快慢？（实验现象发现两个物体落地时间基本相同——引出伽利略比萨斜塔实验）

②为什么在质量相同的情况下，纸片与纸团下落的快慢不同——通过牛顿管演示实验引导学生得出结论：由于物体受到阻力的作用，纸片在自由下落时受到的阻力比较大，所以下落比较慢；如果消除空气阻力的影响或在真空中，质量不同的两个物体自由下落时间相同。

引出本节课目标（1）：自由落体运动的概念——只受重力作用由静止开始自由下落的运动即自由落体运动。

针对目标（2）提出以下问题。

①自由落体运动的物体做的是什么运动？

②是否是匀加速运动？教师引导学生参与实验：测量重物自由落体运动的特点。

根据打点计时器打出的纸带测量纸带运动的特点（连续相等时间内的位移差为恒定值）判定出自由落体运动为匀加速运动。

再根据（逐差法求加速度：$\Delta x=aT^2$）求得加速度 a 的数值约为 $9.5m/s^2$，提醒学生该实验中存在的阻力无法消除，若阻力为零或在真空中，则自由落体加速度 $a=9.8m/s^2$，引导学生看课本“自由落体加速度”部分。

根据学生实际，也可利用课本给出的纸带及数据判定自由落体运动为匀加速直线运动，并求其加速度。

目标（3）自由落体运动规律的应用：小组合作解决学案或课本“测量人的反应时间”。学生已知物体下落距离及自由落体加速度，根据位移与时间的关系求出人的反应时间。再针对目标（3）一讲一练。

总结：最后留1～2分钟当堂总结，反思消化。

三、具体要求

1. 教师个人层面

①每位同志要在备课上下足功夫，精读课本，精心研究备课，做好课本例题及课后习题。青年教师要多学习优秀课堂实录。

②编制好学案。运用学科网等资源，做到手里有资源，下功夫研究，编制好学案。

③严格落实两次集体备课。第一次研究学案，第二次课堂打磨。包科领导多投入。

④潜心钻研，学案编好，实战演练。

2. 年级层面

推出优秀教师上好示范课，可以语文、英语一个组合，政史地一个组合，数理化生一个组合，推出优秀教师上示范课。

3. 学科层面

尽快确定年轻教师，推出示范课及达标课。

4. 作风方面

教师进教室不能带手机，着工装，严格落实考勤。

2022年11月6日

第三篇　多元铸魂育人

——等闲识得东风面，万紫千红总是春

本篇由两章构成：第五章，家校共育，强调了家庭和学校之间的合作教育；第六章，给儿子的信，分高中、大学、工作、成家四个阶段。

作为一名老师，我可以看到儿子在校园里的成长；作为一名父亲，我陪伴儿子度过了小学、高中和大学时期，目睹他靠自己的奋斗成为一名国家工作人员，为党和人民贡献智慧。现在他已经成家，我选了儿子在高中和大学关键时期的家书、家信与大家分享。

这听起来是一段很温馨、很感人的故事。我作为一名教师和父亲，深感家校共育对于学生的成长和发展非常重要，所以分享儿子在高中和大学关键时期的家书、家信。这是一段珍贵的回忆和经历。这些信件中包含了鼓励、支持和关爱，也记录了儿子成长的点点滴滴。通过分享这些家书、家信，希望把自己的家庭教育理念和孩子的成长经历传递给更多的人。希望我的分享能够激励更多家长和教育工作者，让大家更加重视家校共育，关心学生的成长，为他们创造更好的学习环境和未来发展的机会。

第五章　家校共育

借助社会力量办学，接受家长及社会各界的监督、建议，以开放的心态悦纳四海宾朋。成立家委会，不断丰富家校课程，通过家长会、家委会定期召开会议、家长进校听课、给家长的一封信等丰富多彩的活动，探索高效便捷的家校沟通途径，展示学校优秀的办学成果。

家校结合多措并举，共育学生成长成才

——学校育人为本制度建设典型做法

现代教育不是一个孤立的、封闭的过程，而是开放的、现实的、全方位的社会活动。任何学生的成长都离不开这个三个环境：家庭、学校、社会。这三个环境不可以相互替代。学生是在学校、家庭以及社会的共同影响下成长的。学校教育和家庭教育是教育学生密不可分的两大平台，只有家校紧密相连，才能教育出全面发展的学生。

学校教育在知识的汲取上占有优势。学生成绩的好坏、能力水平的培养，学校教育起决定作用。但教育的最终目的是“教书育人”，育人离不开家校结合。家长、教师多沟通，了解学生的动态，共同商讨适用的教学方法才能有效完成教育使命。学生的很多特点家长并不完全了解，学生的许多习惯教师也并不完全掌握，所以家校必须紧密结合、深入合作。

为此，我校建立了一系列沟通制度，有效地促进了教师与家长之间的沟通。

一、家长会

学校在每个学期末按时召开家长会。包级校长、主任面向家长发表电视讲话，总结一学期来的各项教育教学活动。每位班主任组织召开本班的家长会，通过各项数据和平时的照片，客观而又生动地展示学生的日常学习、生活状况。任课教师按时参与会议，并就自己任教的学科发表看法。

家长们积极参加会议。本县乡镇地方上的家长、市外距离较远地区的家长都能够做到暂时放下手中工作，按时参加家长会。家长们在会上认真听取校长、班主任、任课教师的汇报，并就学校日常的教育教学工作提出自己的意见和建议。家长、教师双方认真交流，坦诚沟通。

例如：高一七班某位同学的家长在会后拉着任课教师的手就自己孩子的学习状况恳切交谈。任课老师也综合分析学生的学习、生活情况，提出存在的问题和解决方法。有的学生家长对班主任较为熟悉，对任课教师不熟，七班的某任课教师便带着家长到各任课教师办公室深入交流。

家长会为家长与教师之间坦诚交流，提供了良好的平台。家长会使家长们了解到孩子在学校的情况；使老师们了解到孩子的成长过程和家庭情况。

二、给家长的一封信

每次放假前，我校以年级为单位，发放“给家长的一封信”。要求学生带回家给家长，并请家长阅读后签字。

例如：春节放假时，“给家长的一封信”不但送去了春节祝福，还向家长们提出了殷切希望，嘱咐家长在寒假注意学生的学习、作息、安全；清明节小长假时，“给家长的一封信”突出了“清明节”祭奠先人、追思往事、思考人生的主题，嘱咐家长劳逸结合，带着孩子踏青游玩，并督促学生认真完成小假期的作业。

“给家长的一封信”能够结合每次假期的特点，给家长相应的教育建议。使得家长读后既感到学校可亲、可敬，又得到切实可行的假期方案。

三、校讯通、微信、QQ 等通信平台

学校开通校讯通、微信、QQ 等通信平台，借助先进的信息技术手段，方便家长与教师之间的联系。班主任老师通过校讯通、微信向家长传达学校的相关教育教学安排，及时高效。家长之间通过微信、QQ 等也能保持及时联系，方便快捷。

例如：高一年级一班和二班的语文老师——唐老师通过 QQ 和学生家长保持联系。家长常常通过 QQ 询问孩子的近况。唐老师都一一做了详细回答，给家长吃了定心丸。假期里，唐老师和同学通过 QQ 交流，了解学生在假期中的情况，及时就学习问题进行指导，就生活问题进行耐心开导。

四、家访

家访包括当面交流和电话交流。学校的教师在这方面付出了大量心血，作出了极大努力。

学校生源广泛，学生们来自山东各个市、县。十里不同音，学生家长操着不同的方言，这对家长与教师之间的交流造成一定障碍。

再加上家长对孩子的强烈关心，往往一个问题再三向班主任教师、任课教师反映，一通电话常常需要20多分钟。教师认真、耐心地回答家长的问题，仔细分析学生的学习、生活状况，用冷静的言语表达着火热的心。

高一（23）班生物老师——潘老师曾经在吃饭时间接到家长电话，立刻放下手中的饭筷，耐心就学生的生物学习情况做了细致分析，并向家长提出适时关心孩子、多正面鼓励孩子等建议。等打完电话，饭已经凉透了。

当面交流，更是家访的重中之重。当面交流，相互间的距离近了，心里的问题也都敞开了谈。高一（31）班班主任孙老师曾对班里一位困难生进行家访。这位学生品学兼优，但父亲早逝，只母亲一人支撑着这个破损的家庭。这位坚强的母亲，在孙老师的面前流下了眼泪，恳请老师严加管教孩子，努力提高孩子的成绩，使其成才。孙老师家访之后，曾在办公室叹息："贫家子弟多栋梁。"并对这名学生的学习、生活认真关注，严格要求。该名学生也在学习上取得了优异成绩。

高一（8）班班主任滕老师把家访作为工作中不可忽视的重点，堪称这方面的典范。8班的郭琳同学不幸得了白血病，休学在家治疗。滕老师受高一包级主任刘相国老师的委托，带着8班全体同学的捐款和真诚祝福，同8班政治老师韩冬冬对郭琳进行了家访。乘校车一小时后，滕老师、韩老师来到红河镇郭家庄郭琳同学的家里。当两位老师回来时，年轻的韩冬冬老师黯然的神情和对同事焦急而又满含同情的诉说，足以说明这次家访对于学校与家长之间的交流是多么重要。

班主任的手机24小时开机，及时处理突发问题。滕老师曾在午夜12点接到家长焦急的电话。因为突发交通事故，学生家长要接孩子回家看望重伤亲人。滕老师带着家长进校门，去宿舍，把孩子叫醒，送孩子上车。到半夜两点，滕老师收到家长、学生安全到家的短信，才安然入睡。

如此事情，在学校并不是个例。很多教师在家访方面付出的心血和汗水，是我们所不知道的。

学校通过各种方式制定各种制度，为教师和家长的沟通、交流打造平台，创造条件。通过方便快捷、高效的交流，实现了学校教育和家庭教育的紧密结合，促进了学生的全面发展。

家长会可以这样开

高一上学期结束，按照惯例，班内要召开家长会。我发现很多学生，尤其是成绩、表现稍差的学生，根本就不愿意家长来参加；家长会前后也成了不少学生痛苦难熬的时期。

那么，该如何开家长会呢？如何让家长会真正成为促进会、鼓劲会，且让学生和家长都欢迎、满意呢？以下是我做的一些尝试和探索。

一、营造和谐，人人都是英雄

在家长会开始前反复播放歌唱家阎维文的代表作《母亲》。“这个人就是娘，这个人就是妈，这个人给了我生命……”伴随着动人心弦的旋律，在教室的多媒体大屏幕上循环播放一个学期以来班级开展的一系列活动的图片，人人都有露脸上镜的机会，其中大部分活动都是学生自己组织的。运动会上奋勇争先，为班级争光；元旦联欢会上挥洒欢颜，让心情放飞；读书会上激扬文字，任青春飞扬；辩论会上唇枪舌剑，纵思想碰撞……一幕幕，一幅幅，我们一起走过，我们共同努力，我们集体见证。我看到家长们欣慰的眼神、幸福的表情；我看到学生们自信的眼神、坚定的表情。

二、加油鼓劲，人人都可成才

在家长会开始后，我结合图片向各位家长介绍了本学期班内开展的一些具体活动——为加强民主管理而开展的值日班长制度，为创设高效课堂而进行的学习互助小组制度，等等。接下来，我按照座次顺序“点将”分析，不谈名次分数，肯定优点。指出提升方向，让学生有信心，加油鼓劲；让家长放心，从容平和。我能明显感到平时成绩表现稍差的同学腰板更直了，心气更足了，相信自己可以取得更大的进步。

三、切磋交流，家校共建共赢

最后，拿出 15 分钟左右的时间让各位家长探讨交流“宝贝计划”。我对家长该如何与孩子沟通，如何做开明家长提出几点看法。

（1）不以成绩论成败，要知道条条大路通罗马，万紫千红才是春，每个孩子都可以成为最棒的自己，要多鼓励，少批评。

（2）多陪陪孩子，没有交流时间谈不上合格的教育。

（3）至少阅读一本有关如何成为合格家长的专业书，用科学理论武装头脑。

（4）扮演好多重角色：既是家长，也是朋友；既是父母，也是兄弟姐妹；既要教育子女，也要接受子女的教育。

（5）督促孩子养成良好的生活、学习习惯，与孩子共同遵守，共同成长。

家长会在群星演唱的《感恩的心》中结束。

启示：这样开家长会的好处是，彼此都明白，大家都通气。

家长通过视频以及图片明白自己的孩子在学校是让人放心的，是努力进步的；学生通过班主任的“花言巧语”明白父母是爱自己的，自己是前程似锦、大有希望的。

如此一来，少了以往的“冷嘲热讽”“恨铁不成钢”的怨气、怒气，家长感到满意，孩子看到希望。家长之间的互动切磋也让家长们明白合格的家长、开明的家长才能培养出优秀的孩子、自信的孩子，从而做好家校衔接，达到开家长会的最终目的。

家校共育，齐心携手，筑梦未来

—— 学校家委会成立会议发言记录

尊敬的各位家长：

大家好！与其说我将要进行的是学校的工作报告，不如说是将我校的一些所思所想与大家交流一下更合适。

恰逢昨日，送走了我们第一批毕业的学生。弹指一挥间，不知不觉三年已过，从昨天毕业典礼情况来看，无论是学生还是家长，都对学校高度认可！学生刚刚考完人生最重要的大考 —— 高考，都非常激动，家长也特别高兴。

昨天学生在班级里举行了毕业典礼，按照学生发言、家长发言、教师发言、班主任发言的流程，再加上献花环节。从现场效果来看，举办得非常成功！如果各位家长有学校老师的微信的话，也可以从朋友圈里对我们毕业典礼现场的热烈氛围感知一二。

高考刚刚结束成绩未出，但是从掌握的情况来看，学生们经过三年的努力打拼，再加上学校优质的管理和教学资源，毫不夸张地说，学生高中三年进步飞快，历次考试也都说明了这一点，我们学校的提高率稳居全县第一名。学校的复读生这两年成绩也特别出色，数据可谓是非常可观的。

总而言之，学校就是要扎扎实实做教育！对于“教育”二字，我感触颇深。教育，就像种庄稼，不是工业，是农业，需要我们时时浇水、修剪枝丫，用心用情助力学生成长！这三年的时间，可以说我们做了“我们应该做的事情”，也很欣慰。昨天在校园里、在教室里我们与家长进行了交流，每个人脸上都洋溢着幸福、满足的笑容。

今天，新一届家委会正式成立。借此机会，我与大家交流以下三点。

一、教学扎实，管理严格

我校从建校初就大力弘扬“自强不息、追求卓越”的精神，这种精神已经深入到师生的脑海中。我们把“团结、勤奋、求实、创新”的作风落到实处。“团结”是指心往一处想，劲往一处使，一切为了学生的成长、成才、进步而努力；“勤奋”是指一勤天下无难事，天道酬勤，从学校领导到教师再到学生，我们都提倡勤奋，只有勤奋才能出成绩；“求实”是指在工作和学习中，都要做到老老实实、扎扎实实、踏踏实实、实实在在，做好这四点学校才能发展，教师才能提高，学生才能进步；“创新”是指凡事都要创新，没有创新就没有发展，创新是一个国家和民族的灵魂，学校的办学也必须要有创新，创新让教师不断提高，让学生不断进步。

我们秉承“自强不息，追求卓越”的精神，落实“弘德，博学，笃行，创新”的校训，弘扬“团结，勤奋，求实，创新”的作风，达到了管理立校、教学强校的效果。

二、老师辛勤，全程陪伴

老师从学习到生活，从物质到精神全方位呵护学生。从早到晚，全方位管理，落实双导师制。班主任起带头作用，全程跟随学生，从早到晚。学校值班领导及老师检查学生三餐“光盘行动”与学生早晚自习纪律。配合任课老师包靠，详细跟进每个学生。每周与包靠学生进行谈话，多方面了解学生。授课老师保证跟进教学，生活老师负责宿舍，从学习到生活，给学生家的温暖。在老师辛勤的陪伴与付出下，学校的工作稳步推进再上新台阶。从来业绩酬辛勤，自此东风绽百花！

三、课程丰富，课堂高效

1. 课程丰富，百花齐放

虽然我们建校时间不长，但我们的课程丰富精湛、多姿多彩。除了我们九大学科的优势之外，我们在音体美、信息通用等方面也做得很好。无论是社团，还是助力学生考学的活动，都让学生的学习生活丰富多彩。

我们还开发了两项课程一项活动。第一项是日语课程，我们已经开始有条不紊地推进，高一、高二的同学，包括今年刚结束高考的同学，已经受益。第二项是艺术课程，让每个学生多方面发展，也让学生找到适合自己的道路。第三项是“新闻壹周刊”，学校剪辑一些新闻，让学生们观看，了解时事热点、保持与时俱进，争做时代新人。

2. 精心研究，课堂高效

精湛课程落实的关键在课堂。关于课堂，我们提出“7667 高效课堂教学法”。它的重点是课堂教学的六个方面。

第一是精神饱满、激情飞扬。这一点无论是年轻教师还是年长教师都做得非常好。

第二是出示目标、步步落实。目标意识在课堂上蔚然成风。

第三是讲练结合、夯实基础。有讲有练让学生动起来，不要让课堂成为老师的一言堂。

第四是拓展变化、提高能力。从今年的高考题来看，题型较新，通过一些情景发掘问题，让学生灵活解决，这就要求老师在课堂上拓展变化，才能培养学生的能力。

第五是小组合作、全员参与。我们要让课堂活起来、让学生真正动起来，杜绝作秀的成分，让课堂灵动起来。

第六是总结反思、当堂消化。让学生当堂掌握本堂课内容、梳理知识点和框架，做到每节课都有收获。

3. 家校携手，育德育才

我们学校所有工作的开展都离不开各位家长的支持，尤其是家委会成员的鼎力支持。在学校发展的关键时刻，每年都有机遇、每年也有困难，在家长与我们的携手努力下，我们攻坚克难、迎难而上，取得了一个又一个优异成绩。

忆往昔，我们踌躇满志；瞻未来，我们信心坚定！希望今后家委会成员与学校携手共进，把我们的孩子培养成才。使学生健康成长、茁壮发展、不断进步；让我们的学校发展壮大，培育英才、桃李荟萃、育才四方！

谢谢大家！

2022 年 6 月 11 日

墙，推倒了便是桥

一年一度的家长会在全体师生的努力下，圆满结束。本次家长会以班级为单位，分主次两个会场，班主任组织协调，任课教师分班参加，整个过程和谐紧密，亮点鲜明，效果良好。

家长会上，班主任重点向各位家长详细介绍了当前高考形势、素质教育实施情况、班级各种管理措施、学生现阶段生理心理特点，并结合不同学生特点进行了单独分析，提出了切实可行的目标，也对假期的学习生活提出了明确要求。各位家长听得认真，记得仔细，积极配合，气氛融洽。

我认为，此次家长会之所以会如此成功，是因为有以下亮点。

一、温馨适宜的教室环境

家长会当天早上，我提前来到教室，学生们正忙得火热。教室打扫彻底，桌面书籍整理得十分整齐。黑板上“感恩父母，刻苦学习”（家长会的主题），饰以漂亮花边跃然眼前。再看后面的板报，由学生自己设计的“家长会专刊”，记录了每个学生的成长轨迹及取得的成就。看得出，学生们是用心准备的。人们都说，“90”后是“叛逆毁掉的一代”，此刻，我却被眼见的所打动。也许，“叛逆”只是他们在这一特定成长阶段的必然表现，无论他们在父母面前是怎样的“反叛”，此时此刻，我看到的却是这群孩子在用心地奉上一抹温情、一分温馨。

二、完美再现的教学场景

本次家长会，学生没有被排斥在外，而是同家长一块参加，进行了亲子、师生、教师与家长等多层面的对话，使家长在班级背景中了解自己的孩子。

我特意为家长会制作了课件，完美再现教学场景，将要讲的问题分纲列目，一目了然，便于家长了解自己孩子的一切情况。同时，整个会议期间，学生们在一起读文章、讲故事、谈见解，让家长在孩子的声音中了解学生，反思家庭教育，并安排假期学习实践的相关事宜，让家长了解高考前假期的重要性，便于家长督促学生，更好地配合学校教育。大部分家长感触颇深，不时与自己孩子交流，两代之间的隔阂荡然无存。选出的家长代表发言，谈家庭教育，向学生提出要求，并承诺做好后勤保障；学生代表交流了学习方法，并向家长表态，做好孩子、好学生，早日成为国家栋梁。最后当场评奖评优，发放奖状，为大家树标，家长及学生羡慕的眼神中透出了坚毅，也暗下决心，为今后发奋奠定了精神基础，震撼效果十分明显。

三、敏锐易触的亲子之心

感恩教育的最佳契机便是家长会。现在的孩子大部分对于父母的恩宠都习以为常，甚至漠然视之，家长很苦恼也很无奈。而本次家长会，则很好地弥补了这种心理缺失。

家长会正式开始之前，很多学生都选择和自己的家长坐在了一起，谈论学习，介绍班级情况及自己最近的状态，抑或聊聊家里的事。即便是倾吐学习的苦累，心情也是豁朗的，这是一种心与心的交流。这种情景在现代的大部分家庭是不常见的。高三的学生正是十七八岁的年龄，个性叛逆，加之升学压力，他们很少与家长交流，更多的是自我封闭，乱发脾气。此次家长会，却恰好为他们提供了机会，为今后的亲子关系做好了铺垫。看到他们面对面地交流谈心，我深感欣慰，一股暖流涌入心田。

班里还有一些学生为家长准备了自制贺卡，并亲自送去祝福，我觉得这是家长会上最温馨感人的一幕，更是完美诠释了此次家长会的主题“感恩父母”。其实，贺卡本身并不昂贵，重要的是孩子们在设计贺卡时的艺术想象及内心感触，苦思冥想的祝福使孩子的心灵得到了一次很好的净化和洗涤。尤其是亲递时，两代人之间泪眼相向，多么感人啊！

四、情真意切的组织协调

家长会井然有序地进行，得益于班主任和任课教师的协调和组织。由此，我总结了一套行之有效的家长会组织模式。

（1）教师用亲切的问候和自始至终的饱满热情感染家长，不做作，不奉承，不卑不亢。只有这样，家长才会积极配合，听得认真，记得仔细，爱子心切的他们才能细心地捕捉关于孩子的一切信息。

（2）用实例和确凿的数据说明一切，不浮夸，不掩饰。素质教育下，用等级的形式向家长通报学生的成绩及取得的进步，分析班级整体情况，用数据分析高考现状，帮助家长了解学生的真实情况，针对不同学生，明确各自高考目标，确立奋斗方向。

（3）用欣喜的口吻表扬进步的学生，同时不忘记家长的功劳。对表现优秀或进步明显的同学不吝表扬，并对其提出更高要求，同时感谢家长的配合教育。

（4）用发展的眼光勉励后进生，善意地提醒家长，齐抓共管，促其进步。此次会上，对于暂时落后的同学没有严厉批评，而是以委婉的方式提出，但仍然起到了鞭策和鼓励作用，善意地提出家庭教育的重要性，以便让家长更好地配合。

（5）用诚恳的态度有针对性地提出家庭教育中的共性问题。用最新的教育理论谈及家长所关心的问题。大部分家长不从事教育事业，不了解教育现状，在家长会上，我用最新的理论和准确的数据进行分析评判，用典型的案例解释说明，严谨而不深奥。

（6）用理性的头脑分析班级现状，用十足的信心点击学生未来。家长会上，不拘泥于已取得的成绩，系统地分析情况，既肯定成绩，也承认不足。用十足的信心，勉励学生和家长，对未来充满美好的憧憬，明确未来目标。

（7）从会后与家长交流和反馈情况来看，本次活动比较成功，有效地加强了家长、教师和学生的联系与交流，特别是对于高三年级的学习教育，家长、教师、学生三方达成了共识。

其实，家长会只是一个平台，是联系学校与家庭的桥梁。学生的教育是一项复杂的工程，而学校教育和家庭教育又是最重要的两个组成部分，只有我们充分利用这样的桥梁，才会使孩子终身受益。

高中期中家长会发言记录

尊敬的各位家长朋友：

大家上午好！

首先，我代表学校对各位家长的到来表示热烈的欢迎和衷心的感谢！学校召开此次家长会的主要目的就是加强家校合作，家校联合共同促进孩子成长、成才。按照计划安排，我与大家沟通交流两个方面的问题：学校的办学现状；对家长提三条教育建议。

一、学校的办学现状

现在学校形成了人人争着干，人人主动干，争创一流的良好风气。

1. 领导作风扎实，以身作则

领导率先垂范，早来晚走，带班值班，检查一日常规。特别是落实了“1333”听课评课制度：第一个“3”是领导到教室听课每周不少于 3 节；第二个“3”是领导参加集体备课、听课评课不少于 3 节；第三个“3”是领导一周要与学生和老师至少谈 3 次话。由于领导带头，学校形成了深入教师、深入学生、深入宿舍的良好局面。学校的一切工作都是为了老师成长，为了学生成才。

2. 教师德艺双馨

假期我们组织了培训，平时我们也会外派教师或者请专家到校内进行培训。教师成长快，师德高尚、业务精湛，关心爱护学生的成长，不放弃任何一位学生，帮助学生成长、成才。具体表现在以下两个方面。

（1）教师投入了大量的心血，认真编制学案、课件。学案、课件质量高，这样就保证了课堂效率。

（2）教师利用闲暇时间，进行学案的批阅、与学生谈话，对个别学生进行辅导、弱科补救。从现在的情况来看，很多教师晚上 10 点还在办公室办公，教师的状态非常好。

3. 学生积极乐学

由于今年的军训时间比较长，耽误了一些学习时间，但是从效果来看，应该说是非常理想、非常令人满意的。由于军训我们搞得扎实，学生做到了纪律严明。真正让学生做到了军训一次、规范三年、受益一生。具体表现在以下几个方面。

（1）常规方面，学生落实得非常到位，宿舍干净整洁，被褥叠放整齐；学生的两睡，由于生活老师的及时管理，学生能够做到按时入睡，并且中间没有任何学生做与两睡无关的事情，保证了良好的休息；自习纪律方面，做到了入室即入静、推门不抬头；学生的仪容仪表在校期间都做到了着校服。另外，手机基本控制住了，没有学生带手机。只要出现学生带手机的情况，班主任就会及时与家长沟通。这一点希望家长主动与我们搞好配合。常规管理上学生表现很好。

（2）这次运动会，我们充分放手给学生组织，让学生自主管理、才艺展示。从整体情况来看，学生表现非常好。运动会期间，会场的秩序很好，学生的成绩也非常好，各个方面得到了教师的充分肯定。

各位家长，转眼间，您的孩子已经在高中度过了三个月的时间，这里已成为孩子们学习的乐园、成长的家园。看到这些，我们的领导、教师感到非常欣慰。

二、对家长提三条教育建议

1. 多沟通，明确方向

我们的班主任和教师都希望多和家长沟通，交流孩子的情况，家长要把了解的自己孩子的情况主动和班主任、教师进行沟通、交流。因为每个学生都有自己的不同情况，经过这样的了解以后，我们对孩子就有了一个大致的规划。有的学生可能在成绩方面特别突出，可以考名校；有的学生可能要考重本、二本；有的学生可能要通过特长来展示自己的能力，将来进入理想的高校深造。所以一定要与班主任、教师多沟通，我们也非常乐意与家长沟通、交流。

2. 多鼓励、坚定信心

特别是刚刚进行完期中考试，我们要对孩子多鼓励，让他坚定信心。因为信心是孩子完成事情最关键的保证。考试以后，我们要让孩子对照自己的情况看进步，对照和自己差不多的同学看进步。我们也做过一个数据统计，县内的学生中考成绩到了我们学校以后进步是最快的。这一点从数据上，我们领导、教师都看得非常清楚，我们相信每一位孩子都能成才。

3. 多配合，形成合力

实际上，班主任和家长配合得越好，对孩子的成长越有利。家长必须树立班主任和教师的威信，这样我们才能共同育人，形成合力，提升孩子的素质。这里我要提醒家长：在形成合力的同时，自己一定要注意率先垂范，以身作则，给孩子做出好的表率。平时做事要互相理解，作到沟通、包容。

各位家长，孩子是你们的，也是我们的，希望我们共同努力，让我们的孩子在高中这个关键时期健康地成长、愉快地生活，成绩不断进步。

最后，祝各位家长阖家幸福、万事如意，心想事成。谢谢大家！

2019 年 11 月 29 日

2020年寒假高中学生家长会发言记录

尊敬的各位家长：大家上午好！

感谢你们百忙之中来参加今天的家长会。在此，我代表学校向各位家长的光临表示热烈的欢迎和衷心的感谢。

学校召开这次家长会，主要目的是希望家长多了解孩子的在校表现，加强家庭与学校之间的联系，双方携手，搞好教育，让孩子们学得更好，取得更好的成绩！

我今天发言的内容包括以下三个方面：一是介绍本学期学校开展的主要工作，二是关于新课改的问题，三是给家长提几条教育建议。

一、学校开展的主要工作

时光荏苒，岁月如梭，从开学到现在，已经过去五个月了。在这五个月的时间里，我们过得自信、坚定、充实。我校的工作稳步推进，各项工作得到教研室和学生家长及社会的高度认可。我具体从以下几个方面来阐述。

1. 文化引领到位，教师主动工作

教师的积极性、主动性强，学生学习的热情高、秩序好，师生精神状态好。“自强不息、追求卓越”的精神体现在工作中，“团结、勤奋、求实、创新”的校训正在落到实处。各位教师在工作中团结一致、勤奋进取，以老老实实、扎扎实实、踏踏实实的态度搞好教学，结合工作实际搞好创新，并用在教学实践中。人人思上、人人思进的局面已经基本形成。

2. 制度合理，教师自觉遵守

开学以来，学校制定了一系列符合实际的制度，做到有章可循。形成了领导带头、人人遵守制度的良好氛围。如落实学校“1333”听评课制度。学校领导每周听课3节，参加3次集体备课或评课，与3名教师或学生谈话。

3. 培训引领实效，打造一流队伍

通过专家指导、教师课堂大赛、教师进行高考题演练，外派教师听高水平专家报告，提高教师的研究能力。

4. 严格常规管理，培养良好习惯

学校通过召开主题班会、军训、国旗下讲话等活动，严格常规管理，帮助学生养成良好习惯。认真就是能力，规范就是水平。为了进一步规范常规管理的各个环节，学生做到了课间操“快静齐”，宿舍内被褥整齐、布置有序；午休、晚睡按时入睡，安静休息；自习纪律安静有序、自主高效，课堂上认真听讲，有效合作，注重总结、思考提升。为成绩提高打下了坚实的基础。重视社团建设，发展学生的特长，让每个孩子都有一至两项爱好和特长。在刚刚结束的世界教育机器人锦标赛中，蒋钧恒、刘威成两名同学获国家级二等奖。

5. 关爱学生成长，感受家的温暖

关爱每一名学生，充分体现以人为本，学生第一。教师落实全员育人导师制，把学生当成自己的孩子，陪伴学生成长，用心用情办好让人民满意的教育。

转眼间，您的孩子已经在昌乐一中北大公学高中度过了一个学期。在昌乐一中北大公学高中，他们愉快地学习，健康地成长。这里已成为孩子们学习的乐园、成长的家园。

二、关于新课改的问题

我们这一年级的高考录取，两依据、一参考。两依据是高考和学业水平考试，一参考指的就是综合素质评价。当然，最重要的还是高考分数。高考科目是语文、数学、英语和学生自己选的物理、化学、生物、政治、历史、地理中的三科。所以，语文、数学、英语这三科科目每个同学都必须学好、考好。

另外，音乐、体育、美术、信息通用等学科也必须认真学习，最低限度就是成绩合格，只有这样才能拿到毕业证，自选的三科也必须合格才能有机会参加高考，否则没有高考的资格。因此，我们必须全面发展，认真考虑，选出自己六科中最强的三科才能在高考中胜出。

三、给家长提几条教育建议

1. 做好计划，严格执行

教育孩子放松心态，每天科学规律地安排自己的作息时间，既要好好地放松和休息，又不能打破正常的生物钟，做到劳逸结合、张弛有度。早晨7点前起床，中午要午休，晚上10点之前必须睡觉，保证生活有规律。

2. 督促作业，注重检查

学生应有自己的复习安排，查漏补缺，最大限度地弥补知识漏洞，并为下学期的学习做好充足的知识准备。让孩子尽可能避免一切干扰，最大限度地减少走亲访友或参加各种聚会的时间，也请您少一些应酬，尽量给孩子营造一个安静的家庭学习氛围。

3. 挑选好书，共同阅读

一个人的阅读史就是他的精神成长史，读书是对心灵的滋养。我建议家长与孩子一起阅读。假期中我们安排了语文、英语的阅读任务，希望家长与孩子共同读书，并鼓励孩子读后进行思考，在寒假综合实践活动手册上写下感悟，学生返校后在读书报告会上进行交流。班级、年级收交评选语文、英语的新华杯读书征文、国学小名士和珍惜资源爱我国土征文、语文的辩论赛材料。

4. 督促孩子进行社会实践活动

让孩子接触社会，锻炼自己的同时，丰富综合素质评价平台的内容。

5. 尊老敬贤，走亲访友

充分利用春节走亲访友的时机，以实际行动，教育孩子做一个懂文明礼貌、知书达理的好学生。

6. 假期安全

一定教育孩子注意假期安全，过一个充实、平安、幸福的假期。

各位家长，孩子是祖国的未来，是父母的希望。孩子是你们的，也是我们的，要培养孩子成才，学校和家庭都负有重大责任。学校的一切工作都是为了学生，从这个角度来讲，学校是我们的，也是你们的，希望大家关心支持学校，及时提出你们的意见、建议甚至是批评，共同改进我们的工作。让我们携起手来，共同努力，把我们的孩子培养成为德、智、体、美、劳全面发展的高素质人才。

回首 2019 年，我们踌躇满志；展望 2020 年，我们豪情满怀。在新的一年里我们全体师生将抓住机遇，锐意创新，共谋举措，无愧使命担当，不负明天梦想。幸福是奋斗出来的，撸起袖子加油干，只争朝夕，不负韶华，取得优异成绩！

最后，请允许我代表学校祝各位家长新年愉快，阖家幸福，万事如意！

谢谢！

2020 年 1 月 16 日

第六章　给儿子的信

家训，延续着立身做人的行为准则；家书，承载着世代相传的中国文化。爱党、爱国、爱人民，自尊、自立、自强。由于家长工作繁忙，高中的孩子时间紧迫，促膝长谈可能遗漏重点，书面更能表达深情与惦念。我的儿子炜康从一个匆匆少年成长为国家工作人员中的一员，继续为社会贡献我们家庭的力量。在孩子成长过程中，我没有舍弃书信沟通的方式。儿子成长中的家书很多，本章仅选取关键时间节点的20封家书，与朋友们交流、探讨。

高一给儿子的信

吾儿炜康：

你好，近来身体是否健康，学习努力吗？

光阴似箭，日月如梭，转眼间，你已经从牙牙学语的幼儿长成了一个帅气勇敢的小伙子。适逢春节偶有空闲，我经常回忆起以前的快乐时光。

想起你刚学走路时摇头晃脑令人忍俊不禁的情景；想起你刚会说话时“n、m、l”不分时的一幕；想起你刚学自行车时跌倒的身影；想起你与小朋友玩枪战、打雪仗时的投入；想起与爷爷爬云门山，到了山顶你跑得太快，你爷爷找不到你时的情形；想起你看了电视剧《水浒传》中“醉打蒋门神”后用凳子模仿武松的矫健身姿；想起你小学考试得满分时的快乐表情；想起你深思熟虑填上数字游戏时的满足之情；想起你苦思冥想最终严密地推算出三对父子如何过河时的高兴神情；想起你偶尔考试不如意时永不服输的状况；想起别人误解你（包括爸爸、妈妈），你为自己辩解时的激动场景；想起课堂上你全神贯注地听讲，自习中聚精会神、心无旁骛时的高峰学习体验；想起你演小品时的投入表演，烤地瓜的香气，烤熟分给别人吃时自己脸上的成就感；想起你小学时玩电脑游戏时的痴迷。

时光一去不复返，所有这些快乐都定格在我们的美好记忆里，经过小学、初中阶段的快乐学习、阳光学习之旅，现在你已经是一个胸怀祖国、放眼世界、大鹏展翅恨天低的“90后”高中生了。小学、初中的学习成绩你可以说是“芝麻开花节节高”。当你意识到学习是比较重要的、非常有趣的事情时，你适当收敛了玩心，终于昂首进入了昌乐一中。可以说这是你自己努力的结果，如果你成绩不到录取线，爸爸也是没有办法的，现实就是这么残酷。

好钢用在刀刃上，人的才能也是如此。从你自身素质来看，应该说是很不错的：音乐、体育、美术、文化课学得很好，潜力都很大。现在是静下心来提高你的学习成绩的时候了，当你考上了大学，你各方面的才能，包括你的组织能力、体育才能、音乐表演才能就会逐步显现出来，这些也会进一步提升你的精神境界，使你比别人看得更高、望得更远。

我一直认为学习是愉快的、高兴的、简单的事情，也是人的生活与成长所必需的。从孩童时的学走路、学说话、玩游戏，到上学后的学知识、学文化，哪一步也离不开学习，所以说活到老学到老，人离开了学习是寸步难行的。因此，努力请从今日始，“亡羊补牢，为时未晚”。相信你，恰同学少年，在风华正茂的年龄里做什么事情都能成功。

韩愈曾经说过：业精于勤，荒于嬉；行成于思，毁于随。因此，勤奋学习必须与思考总结相结合。俗话说：百尺竿头立不难，一勤天下无难事。人要放纵自己很容易，随便找个理由就可以原谅自己，但只要战胜了自己的惰性，才能成为强者。你现在面临繁重的学习任务，我有时候也很同情你，但你的同龄人都在拼搏，你就必须努力！你现在面临许多物质诱惑和一些庸俗文化的诱惑，但人生就是选择。若选择高尚与拼搏奋斗，你就成了飞翔在蓝天的雄鹰；若选择平庸与随波逐流，你就永远只能在地上爬行做蜗牛。

做人与做事构成了我们的人生，欲学做事，先学做人。

在做人方面，你尊敬老师、尊敬父母长辈、团结同学、乐于助人，不是自己的东西不拿，自己的东西当别人需要时会毫不吝啬地分给别人，别人有困难时提供帮助，主动干家务活，主动为老师提供援助，等等。所有这些都显示出你富有责任心、敢于担当、有爱心、有自尊，拥有良好品质。爸爸、妈妈为有你这样的好孩子感到骄傲和自豪，你是一个勇敢有智慧的好学生。

在学习方面，你正努力着、提高着、进步着，我认为凭借你的记忆能力和理解能力只要注意以下四个方面的问题，你就会取得突飞猛进的进展，达到你前所未有的高度。

1. 心态

良好的心态是确保学习进步和各项活动顺利进行，并取得预期效果的前提。炜康，你乐观开朗、自信，尊重、欣赏、包容自己，感恩别人，这都是很好的品质和极大的优点。今后还要注意，静心、细心、专心、恒心、耐心。简单地说就是静下心来，细心、专心地做事情，不要“三天打鱼，两天晒网”。要在遇到困难、挫折时有恒心、有耐心，意志顽强地克服一切困难。一个人可以被打倒，但不可以被打败。这样你便具备了成功的基础。

2. 态度

要有好的态度，简单地说就是干什么事都要积极主动，认真扎实。自信、高兴、乐观，愉快地、自愿地学习，像打球一样。这样你才能体会到学习的乐趣，乐不思蜀，乐此不疲、达到高峰的学习体验。

3. 习惯

要有好的习惯，如制订计划的习惯，凡事预则立，不预则废；认真听讲的习惯，全神贯注、聚精会神地听讲，这是最重要的；今日事，今日毕的习惯，把工作消灭在今天，凡事提前完成，你会逐步体会到幸福与学习的乐趣；总结思考的习惯，学而不思则罔，思而不学则殆，每天都厘清所学知识，每周都要总结；等等。做到这些，好习惯会帮助你成功。

4. 创新

在学习的基础上、总结的基础上，不断创新，不断创造，提高一步。作为“90后”的青年人，未来的事业属于你们，国家属于你们，国家的前途与命运掌握在你们手里。炜康，你要发挥自己的聪明才智，努力学习，不断创新，去创造属于自己的美好未来，创造属于自己的灿烂人生。

炜康，前途是光明的。道路虽然曲折，也有困难，但再大的风雨我们共同走过。任何艰难险阻，爸爸、妈妈相信儿子一定有能力去克服。经历了风雨就会见到彩虹，没有人能随随便便成功。相信经过努力，你一定会取得骄人的成绩。

最后，希望儿子：永不放弃，永不屈服，永不言败，永不后悔，永不满足，永争第一。

祝：身体健康，学习进步！

爸爸　相国

2011年2月9日夜于家中

高一春节后给儿子的信

吾儿炜康：

你好，近来一切都好吧，首先祝身体健康、心情愉快、学习进步！

这一段时间，从春节你走访上大学的几位哥哥、姐姐开始，到开学后的这一段时间里，爸爸、妈妈看到你各方面的进步非常高兴。

我们看到你在生活中注意节约粮食、节约水源；看到你在学校里和家里都热爱劳动；看到你爱美但是有度，在穿衣打扮上不过分奢求；看到你尊老爱幼；看到你主动帮助别人；看到你独自承受困难、克服困难；看到你学习上有了自己的目标；看到你积极主动地学习；看到你认真扎实地思考；看到你非常有兴趣地阅读，看到你很愉快地做题；看到你非常自信地克服学习上的困难；等等。

所有这一切，爸爸、妈妈都看在眼里，喜在心里。希望你在以后的日子里严于律己，再上一层楼，争取在未来的生活中在更多方面有所提高。

炜康你应当“志当存高远，一览众山小”，你自己应该把大学目标定在清华、北大等一流大学上。爸爸、妈妈任何时候都相信你是最优秀的、最棒的，你有能力考出好成绩，考上理想的大学。

人，活着就要有一种精神和目标，活着就“生当作人杰”，就要做英雄。在学习上出类拔萃，成为老师、同学赞赏的佼佼者，做翱翔天空的雄鹰，做山中的老虎，做水中的蛟龙，不甘于平庸。努力克服不利于学习的各种因素，如自身的惰性，能够持之以恒、勤奋刻苦地学习；克服好玩的心理，能够专心致志地学习；克服好动的习惯，能够心无旁骛地学习。克服了这些你很快就有全面的提高和进步。

行为决定习惯，习惯决定品质，品质决定命运。因此，养成良好的日常行为习惯是非常重要的。良好的行为习惯能够使你脱颖而出，成为突出的人才，如认真听讲的习惯、先复习后预习的习惯、独立完成作业的习惯、独立思考的习惯，考试中认真答题的习惯、考试后认真纠错的习惯。爸爸、妈妈相信你能养成良好的习惯，使自己在关键时候尽快成长起来。

时间如白驹过隙，一闪即逝，转眼间高中生活已经过去半年，现在到了整个高中生活的关键时候。人生能有几次搏，此时不搏何时搏；拼上两年多的时间，搏终生无怨无悔。

爸爸、妈妈相信自己的儿子在人生的关键时候会取得优异成绩，因为你有这个能力。

天才在于积累，聪明在于勤奋，只要你努力刻苦，脚踏实地，你一定会得到提高，成就自己的人生。

祝：

生活愉快，

学习更上一层楼！

爸爸　相国

于 2011 年 3 月 23 日夜

高一下学期给儿子的一封信

吾儿炜康：

你好，首先祝身体健康，心情愉快，学习进步！

当你看到这封信的时候，我已到了临朐，并已经住下了。高三市二轮复习研讨会在临朐召开，我们一行四人来到临朐学习一天，第二天马上回家。我走后的这短暂的一天时间里，希望你照顾好自己的同时照顾好你的妈妈，担当起男子汉的责任。爸爸相信你一定会做得很好，因为你是一个优秀的中学生，你有相当强的自强、自立能力。

这一段时间，爸爸发现你在学习上勤学好问，多思考、善于总结、深钻细研，对学习怀有浓厚的兴趣和热情。爸爸相信你经过自己的努力，一定会取得优异的成绩。天道酬勤，一分耕耘，一分收获，一分汗水，一分成绩，不经历风雨怎么会见彩虹，没有人能随随便便成功。

音乐家贝多芬说：终身努力便成天才。元素周期表的发现者门捷列夫亦说：天才就是持之以恒、坚持不懈地努力。当你怀着浓厚的兴趣，高高兴兴地去学习时是一定会取得成功的。

志不强者智不达，这句话的意思是说：做学问要有远大志向和理想，要有顽强的毅力，有“亮剑精神”，敢于挑战困难、克服困难。顺境时不骄傲、不沾沾自喜，逆境时不气馁，任何时候都保持乐观态度，相信自己的实力，便没有做不成的事，没有克服不了的困难。因为你是水中的蛟龙、空中的雄鹰、山中的老虎，相信你会无往不胜，克服生活与学习上的一切困难，成为生活的强者，学习的骄子，成为学校将来为之自豪的学生。

炜康，天不早了，抓紧睡吧，总结一下今天的生活与学习，给明天的事情做个计划，很快就会进入甜美的梦乡。祝你和你妈睡一个好觉。

预祝：

生活、学习一切如意！

爸爸　相国

2011 年 3 月 31 日

高一期末给儿子的信

吾儿炜康：

你好，近来一切都好吧！预祝身心健康，学习进步。

高一期末考试成绩你已经知道，不知道你对这次考试成绩有何感想，如何评价？我认为，首先应该肯定你的进步，因为从总分名次来看，你的班名次是历次考试中最好的，级名次比上次也有进步。另外，你的化学成绩大有进步，无论是一卷还是二卷成绩，都有所提高，这是非常可喜的事情，这说明你已经适应高中化学的学习，水平逐步提高上来了，这也为你以后的学习打下了坚实的基础，因为化学是一门记忆性很强的科目，只有你记住了、理解了才能灵活运用，而记不住、记不牢、记不扎实是没法做题的，相信你自己也有所体会。当然，你的优势科目还有待进一步提高，如语文、数学、物理、生物，潜力还是相当大的。我认为，你没有考出高分的一个很重要的原因在于做题太少、不熟练，导致做题的速度都达不到你应该达到的情况。因此，你应该认真总结一下本次考试的情况，总结经验，吸取教训，以利再战。特别是把高一所学内容，认真梳理一遍，做到心中有数，熟练掌握。另外，认真翻阅一下你即将学的内容，搞好预习，以便为高二的学习打下一个好基础。

机遇总垂青于那些有准备的人，高一这个暑假你要过得充实而有意义，把握好人生中这个关键时刻，为成功而发愤图强。在完成作业，在全面学好各门功课的基础上重点突出一下英语、数学、物理、化学的学习。“凡事预则立，不预则废”，这句话强调了计划的重要性。我认为你参加新东方的学习之前，必须重点做好语文、英语、物理的学习，回来后重点进行数学、化学的学习。你说呢？

学习是愉快的、高兴的、简单的事情，你的智商和情商是没有问题的，关键是重复太少。我认为，你应该首先把课本上的内容掌握透彻、牢靠、扎实，然后把再做资料上的题目，每科对应一本资料，最好是教材全解。之后你会发现学习原来如此简单，你也能考高分，甚至满分。

炜康吾儿，你的基础已打牢，能力也很高，静下心来，全身心投入地到学习中去，你一定会考出优异成绩，创造灿烂辉煌的未来。爸爸相信你、期待你的进一步行动，期待你每一次的提高与进步。

祝：

身体健康，

心情愉快，

学习进步！

爸爸　相国

2011 年 7 月 12 日深夜

北京归来谈收获

吾儿炜康：

经过13天在北京新东方学习英语，儿子你终于回来了。你妈和我都很高兴，你也很兴奋，毕竟从小到大这是你第一次出这么远的门，又加之在外面住这么长的时间。

你在北京学习的这一段时间，你妈妈非常想念你，有时候你的一个短信、一个电话会让你妈妈睡不着觉，想你在北京的生活是否适应，学习是否进步，车票是否能买上并按时回来，等等。俗话说“儿行千里母担忧”，确实如此。现在看来，你在北京也想念我们吧！

好男儿志在四方，现在我们的国家正处于大发展时期，好时代真让你们赶上了。可以说你们正逢盛世，国家的政治、经济实力正一步步增强，国际影响力正进一步增大，而对外沟通与交流中，英语是非常关键的。因此，从小我们就很重视你的英语学习，直到现在也非常重视。相信你经过自己的努力，一定会大幅度提高你的英语水平，达到同龄人中的最高水平，你是一定会做到的。

英语学习中大声朗读，能快速地提高兴趣，以读促记；反复训练，能达到以一知十的目的，从而应对考试。我认为，二者相结合才会收到一个好效果，也就是说你可以利用早晨的宝贵时间或晚上睡觉前大声读上一段英语，或英语教学视频跟读，效果是非常好的。前一段时间你已经体会到了，希望假期中你能坚持，定会有收获。

另外，在北京你也坐了动车，体会了高速行驶的感觉；坐了地铁，体会了大城市交通的特点；观看了天安门升旗，并定格在你的大脑中，时时刻刻提醒你爱我中华；观看了一些晚会，增长了见识，并结交了新朋友，包括一些老师，这些提升了你的精神境界和层次，也让你体会到了关键时候朋友之间互相帮助是非常重要的，你照顾自己的同时，照顾别人是非常对的。“爱人者人恒爱之，敬人者人恒敬之。”

爸爸、妈妈相信自己的儿子在各方面都是优秀的，相信你会乘着这次新东方学习的东风，自我激励，再鼓干劲，加大学习力度，争取将来到北京这样的大城市上学。“大鹏展翅恨天低，海阔凭鱼跃，天高任鸟飞。”加油吧！孩子。

爸爸　相国

2011年8月8日深夜

谈习惯

习惯是一个人储存在神经系统的资本。养成一种坏习惯，一辈子都还不清它的债务；养成一种好习惯，一生都用不完它的利息。确实，习惯的作用是巨大的，尤其是年轻人，一定要养成好习惯，这对我们的生活与学习是非常有意义的。

在高中阶段，有六种好习惯对我们今后的工作与学习是非常重要的，它们对我们取得优异成绩起着非常重要的作用。

1. 制订计划的好习惯

凡事预则立，不预则废。因此，我们在做事情时要有一个大致的计划，制订好了计划，在学习中有条不紊地去落实，才会有主有次、忙而不乱，才能收到好的效果。当然，有些计划随着工作的开展可以适时调整，以适应实际需要。

2. 有规律学习与休息的好习惯

学生时代有规律地生活与学习对一个人的成才是至关重要的，这是提高成绩的一个重要环节。 学习成绩优异的同学往往生活与学习很有规律，如早睡早起，早晨起来大声朗读，上课认真听讲；自习巩固消化一天所学知识，预习下节课将要学习知识；有计划地进行体育锻炼，注重劳逸结合；对所用的课本、资料、讲义等按顺序整理得井然有序，保存完好。

3. 勤学善钻的好习惯

研究一下名人的成功可以发现，不管在哪方面取得了巨大成就的人物，都是在学生时代就养成了勤学善钻的好习惯。例如：周恩来在年轻时就写下了“面壁十年图破壁，难酬蹈海亦英雄”的文章；毛泽东更是在少年时代就勤学苦钻，博学广读，对中国四大名著和历史纪实文章耳熟能详；为研制原子弹立下汗马功劳的钱学森在美国读书时就静心钻研学问，有时提出的问题导师都回答不上来；年少有为的邓稼先更是深思熟虑，为我国的氢弹研制作出了不可磨灭的贡献。

4. 今日事今日毕的习惯

一个人只有三天的时间，昨天、今天和明天。昨天已经过去，明天还未到来，只有今天是实实在在的。因此，我们要把今天握在手里，今日事今天毕，万不可拖到明天。凡事提前一步，把工作消灭在今天。这样，你会逐渐发现成功原来是如此简单，不会被工作所累，从而体会到成功的乐趣、工作的乐趣。

5. 注重总结思考的好习惯

每当你做完一天的事情，完成一天的功课后注意梳理一下自己的思路，总结一下。成功之处，今后进一步发扬；失败之处，今后注意一下。做到月清月结，你会逐渐发现，总结思考对于青年学生的学习真是太重要了。因为只有总结思考你才会明确你自己收获了哪些知识，还有哪些知识需要进一步学习才能理解、消化、吸收，才会明确你下一步努力的方向。

6. 发明创新的好习惯

要注重在任何时候做任何事情都不要因循守旧，墨守成规，要不断地发明创新。这样，你才会不断思考、不断进步、不断提高。

在精力充沛，创造力最好的十七八岁的年纪，要不断通过创新成就自己的事业，踏上人生的光明大道。

吾儿炜康，近来发现，以上六种好习惯你已逐步养成。今后适当注意、严于律己，进一步培养自己的好习惯，你会变得更优秀，成就自己不平凡的人生。

爸爸　相国
2011 年 8 月 9 日深夜

高三春节给儿子的信

——态度决定高度，习惯决定命运

吾儿炜康：

时光似箭，日月如梭，不知不觉间你已经从一个牙牙学语的小孩成长为一个勇敢的青年。你已经年满十八，在你生日时，我拍打你的双臂，给你致成人礼，以示祝贺。

十八岁意味着你将比以前少一些犹豫，而多一些果断。

十八岁意味着你将比以前少一些胆怯，而多一些勇敢。

十八岁意味着你将比以前少一些懒惰，而多一些勤奋。

十八岁意味着你将比以前少一些慌张，而多一些沉稳。

十八岁意味着你将比以前少一些肤浅，而多一些深沉。

十八岁意味着你将比以前少一些单纯，而多一些成熟。

十八岁意味着你将遵守国家法律规定，长大成人了。

十八岁是美丽的，而人生旅程中最绚丽的一页却应该在四十岁时翻开，不要说四十岁有多么遥远，二十年其实是弹指一挥间。虽然说四十岁就在眼前，但是二十年的历史跨越足以让我们眼花缭乱。虚度今日，等待你的将是无穷的悔恨和遗憾，追求先贤成才路，浩瀚人世间，我们定会发现，四十岁的辉煌来自十八岁的志向和二十年的血汗。珍视你拥有的青春年华，好好地把握现在，才能真正赢得未来，才能将你如日中天的四十岁勾画得绚丽璀璨。

炜康，由于你自己的努力、你自己的付出，得到了同学和老师的信任，获得了“潍坊市优秀班干部”荣誉称号，这是你用自己的辛勤汗水挣来的，是你献给爸爸妈妈最好的礼物。珍贵的荣誉是金钱不能买到的，它比黄金还珍贵。本次期末考试，你的成绩又比上一次前进了一大步，无论是总分还是名次。爸爸妈妈为有你这样的儿子感到骄傲，感到自豪。这是你这一段时间上课全神贯注听讲，主动积极地复习，睡前注重总结思考的结果。

一分耕耘，一分收获；一分汗水，一分成绩。相信经过你的勤学善思、深钻细研，你的成绩还会“芝麻开花节节高”，达到你心中所想。爸爸妈妈相信你一定能进一步提高，因为你已经有了良好的基础知识和逻辑思维能力及考试能力。

“一勤天下无难事”，爸爸妈妈在工作上取得的每一点成绩，都是靠勤奋获得的，别无他法。你现在取得的进步也充分证明了这一点，任何人的成功都离不开勤奋。爱迪生终身努力，一生有2000多项创造发明；乔布斯创业时，夜以继日地工作，一天只睡几个小时的觉，终于创造了苹果手机帝国。这些都是很好的证明。

态度决定高度，习惯决定命运。对待学习的态度决定你最终达到的高度。你现在把高考目标定位于青岛理工大学或者山东理工大学，我认为你完全可以达到，下次考试成绩，你每科提高15～20分，你完全可以做到。做到了，你将离你的目标越来越近，发挥你的强势，春节前后补上你的知识漏洞和弱项，你会发现，展现在你面前的将是柳暗花明又一村的境界。

好习惯是一生的财富，养成一种好的习惯，一辈子都用不完它的利息。因此，在生活和学习方面都要养成好的习惯，这会让你终身受益无穷。两睡早起十分钟，上课早到十分钟，会让你比别的同学更能从容地学习。用过的东西物归原处，举手之劳，彰显美好品德。凡事不给别人添麻烦，“己所不欲，勿施于人”，乐于助人，主动帮助人，会让你得到更多人的尊重。做事沉稳细致，而不是浅尝辄止，会让你体会到“一览众山小”的感受。主动学习，用心做事，会让你体会到成功的喜悦。

淡泊以明志，宁静而致远。当你明确自己的志向，静下心来，潜心研究学问，博闻强记，就一定会不断进步，谱一曲青春奏鸣曲，创造自己灿烂辉煌的未来！

爸爸　相国

2013年2月4日

坚定信心，排除干扰，脚踏实地，深钻细研，实现理想

——高三一轮模拟后给儿子的信

吾儿炜康：

一轮模拟考试已经结束，从本次考试成绩来看，你的成绩又在上次的基础上前进了一大步。无论是总分数还是级名次、班名次，都比原来提高了很多。这是你用自己的努力换来的结果。相信你经过后期两个月的刻苦钻研，定会取得更加理想的成绩，创造又一个奇迹。在现在的基础上再提高 100 分，你完全可以做到。

一轮复习的特点是全面、系统、扎实、灵活。二轮复习的特点是查漏补缺、综合提高。“查漏”即经过一轮模拟考试发现自己在知识上的漏洞和答题技巧上的不足。“补缺”即把知识上的缺陷和答题过程中的不足，如速度、准确率（包括运算）、规范、灵活等方面的问题迅速补上。“综合”即在二轮复习过程中穿插各科的综合拉练和理综拉练，从而提高考生对知识的综合应用、前挂后连的能力。“提高”包括自己心理、知识和应试能力方面的提高。

从本次考试成绩来看，你的理综分数不是很理想。这其实是很正常的。因为你以前没有进行理科综合的拉练，现在才刚开始。只要学科知识没有漏洞，思维达到了高度，通过训练提高答题速度，你的理综分数一定会大幅度提高。提高 70 分以上应该是有把握的。另外，你的语文、数学、英语以及基本能力等科目都可以提高很多。语文、英语考到 110 分，数学考到 120 分以上，基本能力考到近 100 分，折合分近 60 分也是非常简单的。

炜康，“才须学也，学须静也，非学无以广才，非志无以成学”。当你静下心来，远离浮躁，抵御住玩耍的诱惑，充分享受学习的欢乐、享受思考的欢乐时，你的学习成绩还会进一步提高。愿你取得你理想的分数，昂首进入你理想的大学，创造灿烂辉煌的未来，体验成功者的愉快。

炜康，二轮复习已经开始。高考的脚步越来越近，冲锋的号角已经吹响。人生能有几回搏，此时不搏何时搏。你是搏击长空的雄鹰，你是遨游深海的巨龙，你是学子中的精英。你一定会在2013年高考中成功的。

炜康，调整好自己的状态，坚定自己的信心，用顽强的意志排除成功道路上的一切干扰，克服一切困难，用自己的行动去证明一切。

炜康，爸爸妈妈任何时候都是你成长道路上的坚定支持者，任何情况下都是你成功的坚强后盾。

炜康，静下心来大踏步地向前走吧。用自己的行动为学校代言。明天母校将以你为荣，我们的家庭以你为骄傲。

祝：

天天进步，

学有所成，

实现理想！

爸爸　相国

2013年3月13日晚

高三二轮复习给儿子的信

吾儿炜康：

你好，看到你在二轮复习中经过自己的不懈努力，成绩取得进步，我和妈妈都感到非常高兴。相信经过两轮的专题训练和你在知识方面的查漏补缺，你的应试心理素质、应试能力一定会不断提高，最终实现你的大学梦，昂首进入自己理想的大学。

进入二轮复习后，学习时间比较紧张，学习任务也较艰巨，每个同学可能都感到有点疲惫，这很正常。最重要的是调整好自己的状态，包括身体和心理两个方面。

首先，在身体上要注意，合理安排膳食，多吃有营养的东西，不乱吃食物，多喝水，要保证 11:00 前入睡，中午保证良好的午休，并注意适当的锻炼，如到操场上跑步，课间看看山上美好的景色，都有助于你的身体健康。

其次，在心理上要始终对自己充满信心，顺境时不骄傲、不沾沾自喜；逆境时，不气馁、不灰心丧气。用顽强的意志和乐观的心态克服前进道路上的一切困难，从而取得最终的胜利。

在二轮复习中，一定要注意：每做一套题之后，都要认真修改，直到理解消化熟练答对才算掌握了。在时间紧张的情况下不做无用功，做了就要有收获。坚持下去，一定会不断取得进步，直至成功。

勤学使你进步，善思使你提高，相信经过你的勤学善思，深入研究，一定会日日进步，如春日之苗，日有所增。在以后的考试中不断积累成功经验，实现自己的远大理想，创造灿烂辉煌的人生！

爸爸　相国

2013 年 4 月 18 日

放下包袱开动机器，静心研究总结提高

——高三三轮复习给儿子的信

吾儿炜康：

首先祝你心情愉快，学习进步！

在你紧张备考的时候，我想起了去年浙江大学开学时校园内贴的两句标语：“做一个丰盈的男子，不虚化，不浮躁，以先锋之姿去奋斗拼搏！”“做一个明媚的女子，不倾国，不倾城，以优雅姿态去摸爬滚打！”是的，人在天地间，无论男女，都要静下心来，厘清自己前进的方向，去拼搏奋斗直至成功，创造自己灿烂辉煌的人生。爱拼才会赢，此时不搏何时搏。现在正是你积蓄力量，向世界展示你才华的最好时候，机不可失，时不再来，苦点累点，一笑而过，坚持就是胜利。顺境时，不骄傲；逆境时，不气馁。碰到高山跨越高山，碰到江河渡过去，战胜一个个困难，就一定会到达成功的彼岸。老师相信你会调整好自己的身心，充实学习每一天、每一节，在三轮复习中进一步提高自己的实力，为高考的成功打下坚实的基础。

三轮复习的特点是模拟、强化、回扣、调节。模拟即模拟高考气氛，模拟高考题型题路；强化即通过高强度的训练，使自己答题速度更加快捷，答卷更加规范工整，思路更加灵活创新；回扣即回扣课本、回扣试题、回扣题型题路使自己做到心中有数；调节即让自己的身心调整到最佳状态，做到心态平静，斗志旺盛，能够攻克一道道难关。从你们现在的情况来看，二轮已经做了一定量的题，三轮复习只不过强度稍大一些而已，最重要的是要跟上拉练节奏，每做一套题都要有收获！搞好纠错总结思考，通过训练把知识理解消化好，补上知识漏洞和缺口，每科提高 10 分以上是很正常的。关键是你要心中有数，精心梳理，错了的题改好，并通过同类型题加以训练巩固，直到熟练做出同类型题为止，这也是最重要的。你在做往年高考题时也要注意那些模糊点，直到弄清楚、想明白。

炜康，箭在弦上，蓄势待发。现在最重要的是放下包袱，开动大脑，静心研究，

沉稳灵活。我相信你在关键时候一定会调整好自己，像春日之苗，日有所增。做好每一道题，总结好每一套题，梳理好每一个知识点，在高考中发挥自己的聪明才智，创造优异的成绩，为人生交出一份满意的答卷。

祝你：

身体健康，

茁壮成长，

成才成功！

爸爸　相国

2013 年 5 月 7 日

上大学前给儿子的一封信

吾儿炜康：

经过自己的努力，你终于如愿以偿拿到了大学通知书，你高兴，老师、同学高兴，爸妈及亲戚朋友都为你高兴。高兴的是十年寒窗苦读，终于换来了今日的收获。拿到了大学通知书，就是踏上了人生成功的快车道。在你即将升学之际，爸爸对你提以下六点希望。

1. 做一个正直善良，诚实守信，拥有感恩之心，懂得感恩的人

要有一颗善良的心，知善去恶，多做好事，对他人的承诺要做到，言必行，行必果，不可一日无信。这样别人才会信服你，才会乐于和你相处，你才会有好人缘。要尊重他人，要尊重父母家人，尊重老师长者，友善同学，学会用谦恭的态度与人交往。要懂得感恩，多记住别人的好，别人的帮助让我们获取幸福，帮助他人让我们传递幸福。要懂得随时回报他人，并以感恩的态度回报社会，赠人玫瑰，手有余香。

2. 做一个树立远大目标的人

有了目标就有了前进的方向。你现在已是一名大学生，也已年满 18 周岁，应该胸怀祖国，放眼世界，具有民族责任感和历史使命感，到了为国家、为家庭干点事情，展示自我价值，实现人生理想抱负的时候了。在大学里，应该把专业课学透、学精，并把需要考研用到的政治、英语知识用心钻研，达到将来考研究生的水平，大学毕业考上研究生，在自己喜欢的领域深钻细研，为社会贡献自己的聪明才智，实现人生理想。

3. 做一个有计划的人

凡事预则立，不预则废，要养成做事制订计划的好习惯。制订了计划并坚持完成，今日事今日毕，每天落实好小计划，就会实现人生大规划。

4. 做一个勤劳勇敢的人

勤能补拙是良训，一分辛苦一分才。当你在学习上勤字当头，争分夺秒地用功读书，遇到困难不抛弃、不放弃、勇敢面对，用顽强的意志克服困难，又有什么完不成的事

情呢？这样你肯定就成功了。假期中我读了稻盛和夫的《敬天爱人》和《干法》这两本书，书中揭示了一个真谛：当你尊重自然规律，又在工作中全力以赴、专心致志的时候，你的行为会感动一切，最终取得成功。这就是“天道酬勤”的道理。相信在大学中通过自己的努力，你一定会成为同龄人中的佼佼者，一个优秀的大学生。

5. 做一个善于总结思考的人

思考是人生最大的乐趣，也只有通过不断地总结思考，才能发现并改进自己的问题，从而不断提高自己的认知水平和行动能力，使自己不断进步，跟上时代的节拍。因此，希望你在生活和学习中注重思考，不断提升自己。

6. 做一个乐于读书的人

读书就是与大师进行心灵的对话，是站在巨人的肩膀上看世界。腹有诗书气自华。因此你要在大学里珍惜一切可以利用的时间，多读书，在上课之余多涉猎一些专业书籍和国内外名著，使自己的知识面不断扩大，看问题角度多元化，成长为具备领袖气质、国际视野、民族情怀的人。

炜康，大鹏展翅恨天低。希望你在大学生活中继往开来，严于律己，宽以待人，有目标有计划，勤行动善思考，多读书，成为老师表扬，同学器重，自己快乐的优秀大学生。

祝：

生活顺意，

学习进步！

爸爸　相国
2013 年 9 月 4 日

在大一即将结束时给儿子的一封信

吾儿炜康：

近来一切都好吧！

起笔写信时，我站在学校办公楼三楼的办公室里，望着窗外高考警戒线处等待进场的考生，听广播里播放考生入场的声音时，不禁想起你。又是一年高考时，莘莘学子经过十几年的寒窗苦读，现正在考场上接受人生的第一次大考。天道酬勤，这几千名考生中很多人将会考入大学，而这些考生中，也有很多考生因虚度中学时光无缘进入大学深造。考上大学的学生中有很多因为目标明确愈加勤奋好学而成为业界精英或社会的弄潮儿，同样也有不少因无所追求而迷茫度日，一无所获。我一直相信你一定属于前者。

你的大学生活也过得极快，转眼间已经过去了近一年的时间，在这一年里，你从对大学生活的好奇，到现在的归于平淡。当然，这一年中，我觉得，你除了收获专业知识外，也逐步锻炼了自己的社交能力和组织能力，同时提高了自我管理和自学能力，而这些能力对学习成绩的提升和将来融入社会，干出一番事业也是非常关键的。

为了使你的大学生活过得更加充实、更加有意义，我与你沟通交流以下几个方面的问题。

1. 做一个有远大理想抱负的大学生

中国梦，我们的梦，每个人的梦构成了强大的中国梦，中国梦是国家富强、民族复兴、人民幸福的梦。而每个中国人为国家富强作贡献，实现自己个人梦的方式就是拥有精深的专业知识。因此，你现在要结合自己所学专业和个人兴趣，有一个具体的目标，现在干什么，专业知识达到什么程度，将来考研究生，考什么专业，等等。这些都应该心中大致有数，在今后学习中就要向这些方面努力，切忌平时不努力，临时抱佛脚。就像正在进行的高考，有的学生到了高三才想到要努力学习，考取理想院校，实现自己的大学梦，往往就晚了，真正成功的少之又少。真正抓住机遇成功的人，都是平时有目标，且持之以恒努力的人。

2. 做一个爱国的大学生

天下兴亡，匹夫有责，好男儿应胸怀祖国、放眼世界。当前，我们国家经过改革开放，政治、经济实力明显增强，在世界发展潮流中举足轻重，真正到了民族复兴的最好时候，每一个中国人，都应该感到骄傲和自豪。

同时，我们要保持清醒的大脑，自强不息，提高自己的竞争实力。少年强则国强，每一个大学生更应以强国为己任，奋发图强，励精图治，学好专业本领，报效祖国。

3. 做一个诚实守信的人

有信则立，无信则废。诚实守信是一个人在群体生活中的立足之本。有了诚信，人们都愿意和你交朋友；无诚信，人们都会疏远你。我们应该诚信做人，诚信为本，不要耍小聪明，导致失去诚信，造成无法挽回的大错误。要做到一诺千金，受到人们的敬仰，提升自己的威信。

4. 做一个有责任感的人

作为一名中国人，要以国家富强为己任；作为父母，要以把儿女培养成栋梁之材为己任；作为儿女，要把成才报国为己任。责任即担当，年轻人要勇于担当。爸爸作为一名教师，就是认真备课，教会学生知识及做人的道理；妈妈作为一名工人，就是努力工作，干好本职工作；你作为一名学生，就是努力学习，学会将来立足社会的本领，每一个人都要对国家、对社会、对家庭富有责任感，勇于担当，成为强者。

5. 做一个勤于学习的人

每个人在时间面前都是平等的，关键是你如何利用时间。你正值青春年少，正是发展自己才能、提升自己素质的黄金时期，你应该努力学习专业知识，学精学透。在学习专业知识之余，多读书，多读人文方面的书，提升自己的境界，树立正确的世界观、人生观、价值观；坚持练字，提升自己的实力。多参加和组织一些有意义的集体活动，提升自己的社交能力和组织能力，要真正管理好自己的时间，把时间用到有意义的事情上面。不断提高自己的水平，做当代大学生中的佼佼者。

炜康，你们肩负着国家的希望、民族的未来，承载着家庭的期盼。希望你有梦想，爱祖国，有责任，勇担当，勤于学习，乐于读书，不断提升自己的能力，实现你的梦想，为中国梦的实现贡献力量。

祝你：

生活愉快，

学习进步，

快乐成长！

爸爸　相国

2014 年 6 月 8 日上午

谈心态

心态决定命运，态度决定高度。一个人具备了好的心态，对自己的学习与将来的工作起着非常大的推动作用。那么，如何才能具备好的心态？我认为应从以下六个方面做起。

1. 对自己充满信心

自信心是取得成功的基础。“人之所以能，是因为相信自己能；人之所以行，是因为相信自己行。”这说明自信心对于干好事情确实是非常重要的。学生对自己的学习充满信心，对成绩提高起着巨大的作用。学习好的学生往往是确信自己能够成功，有的同学进入考场出现过度紧张的情况，就是对自己缺乏信心的表现。这个时候可以用一些成功的语言暗示自己，如“我已经对这次考试做了充分准备，我一定会赢得这次考试，我行、我能行、我一定会成功”，这样的字眼来暗示自己定会取得满意的效果。

2. 让自己静心

做任何事情都需要静心，求学更是如此。每一个青年学子都应该严于律己、静心向学才会取得成功。古人说：淡泊以明志，宁静以致远。这也说明静下心来学习的重要，懒惰是求学的大忌，只有静下心来深钻细研才会在某一方面有所建树。

3. 做事细心

做任何事情都需要细心。许多同学看似也很用功，但成绩提不上去，就是平日学习和考试不细心的缘故，因为粗心而导致应该得到的分数没有得到。要真正做到细心平时学习就必须严格要求自己，培养良好的习惯，到了考场上才会不慌不忙、有条不紊地解答，取得优异成绩。

4. 让自己专心

做事情都需要专心。有些同学看似很聪明，但由于不专心，导致成绩提不上去。年轻人应该专心学习，为将来成功打下坚实的基础，这是至关重要的。

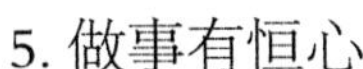

5. 做事有恒心

古人云：贵有恒，何必三更眠五更起；最无益，只怕一日曝十日寒。因此，学习需要持之以恒地努力，靠三分钟热度，“三天打鱼，两天晒网”是不会取得成功的。

6. 充满耐心

干事情（学习）需要耐心。当你在学习过程中遇到困难、遇到麻烦时，必须要有耐心，用顽强的意志克服学习道路上的一切困难，就会取得成功。

在平时学习中，要注意以上六个方面。时刻对自己充满信心，静下心来，做事细心，时刻保持乐观开朗的心态，就一定会排除学习道路上的一切绊脚石、拦路虎，最终踏上光明大道，取得成功。

爸爸　相国

2015 年 6 月 30 日

考研期间给儿子的一封信

吾儿炜康：

近来一切都好吧！首先祝你身心愉快，学习进步。

时间过得真快，转眼间，你现在已经是大三的一名学生了。随着你人生阅历的增多，我感觉到了你的成熟与进步。特别是从春节到现在，你经过自己的努力，通过了驾照科目三的考试，即将拿到驾照，这是你辛勤付出的必然结果。通过考取驾照的学习与考试，你也体会到了“世上无难事，只怕有心人”的含义，只要你付出努力，勤学善钻就没有克服不了的困难。另外，你积极主动地每天下午准时去搬桶装矿泉水家用，说明你的责任感在增强，体会到爸妈的辛苦，想用行动为爸妈分忧。我和你妈妈感觉到儿子的成长与进步，为有你这样的儿子感到骄傲与自豪。看到你的进步，我们打心眼里高兴，也祝贺你的成长与进步！

作为即将步入大四的一名大学生，你的人生又将面临一次选择，是考研、考公务员、考教师资格证，还是考选调生或到公司就业？你自己必须做出选择，自己选择了就要无怨无悔，自己选择了就要义无反顾地、全力以赴地去争取成功，不达目的誓不罢休。

作为你的父亲，我认为你现在的首选是静下心来，全力以赴地考研。虽然按照你现在的学习程度，离考研还有一段距离，但只要计划周密，全身心地投入复习备考中，任何困难都是纸老虎。

当然，你现在面临的困难，我也很清楚，最重要的是英语和高数。因为你当初学得不深入，应对研究生考试确实需要经过一番磨炼，才能达到应有的高度，直至取得成功。我认为，你现在最重要的是收起玩耍的心态，静下心来权衡一下自己的水平，找到自己的起点，做好充分的准备，付诸行动。凡事绝不拖延，立即行动起来，会助你取得意想不到的收获，直至取得考研的成功。

人的潜力是非常大的，当一个人全身心地投入某一件事情时，会产生意想不到的能量，从而创造奇迹。上周末，我参加了“责任人生”的培训，由于我是毛遂自荐成为小组的领袖，又经过大家一致举手通过，身上便有了一种强烈的责任感，一种带领团队不达目的誓不罢休的责任感。当团队出了问题，我便主动承担责任罚做俯卧撑，按照规则，在70名队员监督下，完成了120个俯卧撑。试想一下如果没有强烈的责任感，没有强烈的为团队负责、勇于承担的意识，在平日我根本不可能完成120个俯卧撑。我现在想来，我们在面临困难，甚至是绝境时，不抱怨、不拖延、不放弃，乐观开朗、积极地面对一切，就没有克服不了的困难，就会创造奇迹，实现人生的很多不可能，成为人生的强者。我相信你一定会克服一切困难，用自己的行动证明一切，直到考研成功，实现自己的理想，证明自己是人生的强者。

当然，其他的选择可以在考研的基础上，拓展开来。当你静下心来，应对了考研，再去准备另外的选择时，一切都将变得非常容易，有种“一览众山小”的感觉，因为你已经成为一个内心强大，能力超强的大学生了。

忠厚传家久，诗书继世长。这是我们的家训，衷心希望你做一个忠实厚道的人，爱自己、爱同学、爱老师，爱你周围的每一个人。多参加活动，广泛涉猎古今中外的渊博知识，成为一个品德好、理想高、能力强的现代大学生，实现人生理想，为国家多作贡献。

炜康，年轻人的理想是远大的，前途是光明的，“天高任鸟飞，海阔凭鱼跃”。希望你在考研的道路上，不要犹豫，不要观望等待，而是付诸行动，坚定地走下去，克服困难，迎接东升的太阳，创造属于你的辉煌！

祝：

身心愉快，

学习进步！

父亲　相国

2016年4月4日

实习前给儿子的一封信

吾儿炜康：

近来一切都好吧，首先祝你生活如意，学习进步。

下周你就要进行大学的实习了，这是提升你计算机专业课程理论知识和实践技能的一个很好的机会，为你将来进一步深造和就业打下更坚实的基础。在你即将实习时，我与你交流以下几个方面的问题。

1. 金钱观、爱情观和人生观方面的问题

对待金钱的正确态度，古人给我们指明了方向——君子爱财，取之有道，用之有度。人借助不同的方式获取财富，但必须通过正确的渠道，通过自己的努力付出获取财物，违法所得不可取。我认为年轻人应该多读书勤学习，增长自己的才能，学到真本领，练出真本事，把自己的专业学精、学好，为将来成为有用之才打下坚实的基础。有了才能，获取财富是指日可待的事情。

你们这个年龄，也是爱情逐渐发生发展的时候，对某个同学、某个朋友产生好感，都很正常。但是上升到爱情的高度，两个人想在一起过日子，朝夕相处不厌烦，并且时时处处多为对方着想，让双方都过得幸福快乐，还需要随着时间的推移进一步验证。不能仅有三分钟热度，不能随波逐流，仅仅觉得好玩就在一起。只有当双方具备一定的经济基础，能够支撑起一个家，能够共同担当责任，能够互相爱慕热恋，才是真正收获爱情的时候。相信你在这一方面会作出准确的选择。

正确的人生观，应该是“为了自己的追求，为了自己的理想，全身心地投入到工作中，争取事业的成功，同时获得人生的自由幸福”。想当初填报大学的专业时，我们尊重你的选择。现在看来，当初的选择是对的，既照顾了你的强项和优势（你的逻辑思维能力是非常强的，而计算机专业需要的正是良好的逻辑思维能力），又符合社会发展的潮流和趋势。现在的各项工作都会用到软件编程方面的知识，“互联网 +”正在引领各个行业的发展。因此，希望儿子在这一方面能够进一步渗透研究，为个人

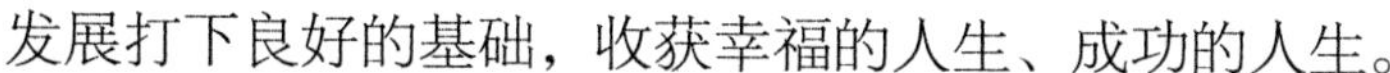

发展打下良好的基础，收获幸福的人生、成功的人生。

2. 有关实习

理论与实践相结合，这是掌握知识和技能很重要的方式，对你们计算机专业的学生而言，更应该通过实习训练提高你们的技能。因此，我希望儿子在实习前以积极的态度对待实习，通过实习提高自己的水平。在实习过程中珍惜时间，争分夺秒，科学合理地安排自己的作息时间，劳逸结合，勤学善领，发挥自己的聪明才智，在实习中脱颖而出，具备高水平的知识和技能，成为高素质的人，为将来成就一番事业打下基础。

3. 有关工作方向

对于计算机专业知识，你要学精学透，这是你的专业基础。但我真正希望的是你能借助计算机专业这个平台，在学问研究或管理方面有所建树。因此，你应该拿出你的豪情、你的智慧，付出你的劳动，争取考研成功。第一年成功最好，若不满意，可以争取第二次，甚至第三次。当然，我会尊重你的选择，我相信只要你努力，一次是可以成功的。你也可以考取公务员或考取教师资格证，成为一名公务员或者一名人民教师。但所有这些都需要你的投入，你得全力以赴。我相信儿子一定会作出正确的选择，并取得成功，成为同龄人中的佼佼者。我相信风雨之后必定有彩虹，人生就是在不断进取磨砺中取得成功的，这样的人生才有意义。

儿子，你会对金钱、爱情、人生拥有正确的态度，并能够全力以赴投入实习中，投入考研中，获得灿烂辉煌的人生。

祝：

不断进步，

生活如意！

爸爸　相国

2016 年 5 月 28 日深夜

大四第二学期给儿子的一封信

吾儿炜康：

首先预祝你2017年生活顺意、学习进步、心想事成！

经过一个假期的休整，今天你又要高高兴兴地去学校了，良好的开端是成功的一半，新学期、新起点、新气象，希望你计划好，开好头，争取今年取得诸多丰硕成果。

回顾2016年，我认为你在各个方面都取得了成功，不论是学习上还是生活习惯和做人方面都取得了非常大的进步。这说明随着你年龄的增长、人生阅历的不断丰富，你的责任感在增强，做事风格在逐步成熟。你正在成为一个爱憎分明、知善知恶，知行合一的正直青年，乃至成为社会的栋梁之材。

2016年，你顺利地拿到了驾驶证，这是你自己勤奋练习技术、反复训练、不断琢磨取得的成绩。虽然在成功的道路上也曾遇到挫折，信心备受打击，但最后你还是顽强地克服了困难，取得了成功。经过了这些磨难，你定会信心百倍地赶走未来人生道路上的一切纸老虎，取得一个又一个的成功。我们期待着。

2016年，你顺利地完成了计算机学院的实习任务。在实习期间你做到了以下两点。

一是认真学习计算机操作技能，积累理论知识，提高实践能力。这对于年轻人来说是非常重要的，可以让你们做到理论与实践的有机结合，非常有利于你们的深造。

二是在实习间隙，你和你的同学们到附近的名胜古迹考察游玩，这锻炼了你们各方面的能力，包括组织能力、协调能力、合作能力、独立克服困难的能力等。同时，开阔了视野，见识了美丽风景，调整了心态，使自己更加愉快地投入学习。我们祝贺你实习期间的诸多收获。

2016年，你顺利地完成了考研。虽然成绩不是非常如意，但我认为你在考研上的付出是理想的。特别是你在考研过程中的经历，这是一笔非常宝贵的精神财富，这个经历完全可以和考大学相媲美，甚至超越考大学对你的影响。从成绩来看，凭你的基础知识素质和你在短时间内复习及跨学科的考试，加之英语不是你的强项，这已经是非常理想的成绩了。此外，非常重要的是你在考研过程中的经历，考大学时你年龄还较小，考虑事情还较简单，压力相对弱一些，但从考研来看，你彻夜复习，争分秒地学习，同学之间互相鼓励、帮助，遇到困难挫折不放弃、不抛弃、永不退缩的精神都定格为你们人生中的宝贵财富，并将激励鼓舞你自己克服将来的一切困难挫折，成为人生的强者。我们相信你将来一定会成功的。

展望2017年虽任重道远，但我们豪情满怀、信心百倍。这个学期是你大学生活的最后一个学期，希望你珍惜大学校园的生活，多读书、读好书，认真钻研学问，持之以恒地学习，高质量地度过美好的大学生活，留下人生最宝贵的记忆。在新学期开始之际，爸爸希望你做到以下几点。

（1）勤学苦练，保持良好的作息习惯。纵观古今成大事者，如被称为圣人的曾国藩，大科学家法拉第、爱迪生等都是非常勤奋且持之以恒地保持良好作息习惯的人。相信你能从最基本的作息习惯入手，养成勤学善研的好习惯，成就人生大业。

（2）结合自己的兴趣确定好人生长远目标，落实到当前的行动中从而建功立业。你要充分利用今年的时间，考虑自己的兴趣，结合自己的特长，在考研、公务员考试等诸多事情中寻求突破，争取高起点地进入社会，为自己自由地、有尊严地生活打下坚实的基础。我们希望你静下心来，认真研究，找到自己的合适岗位，获得幸福。

（3）珍惜同学情谊，交好朋友。同学感情是非常珍惜的，即使多年未见仍一见如故，如兄弟、如姐妹。在毕业即将到来的这个学期，更要珍惜同学友谊。同学之间互帮互助，宿舍卫生主动多干一些；同学之间互相体谅，争取做到像对待自己家人一样，对待同学，留下最温馨的记忆。对老师长辈任何时候都要尊敬，一日为师，终身为父，这是千古不变的祖训，你要牢记，尊敬每一位老师。

纸短情长，别不多言，祝吾儿意气风发精力充沛地开学。扎实做事，厚道做人，争取鸡年大吉大利，创造人生的辉煌。

祝：

学业进步，

生活顺意！

父亲　相国

2017年2月26日早晨

大学毕业前给儿子的一封信

吾儿炜康：

首先祝你学习进步，生活愉快！

今天是 4 月 26 日，农历四月初一，再过两个月你就要大学毕业，踏入社会的大门了。毕业之际，也是你面临人生选择的关键时候，希望你结合实际情况做出正确的选择。

应该说，你们这一代人是幸福的，经过几十年的改革开放，我们国家富强，人民生活水平得到大幅度提高，你们恰逢国富民强的好时候，温饱不愁。因此，你要结合国家的需要和个人兴趣及能力作出正确的选择，你可以选择继续求学，考上研究生，进一步在学问上深造，为将来的发展奠定基础。当然，考取什么专业和学校你要慎重考虑，一旦确定，就要全力以赴投入进去，直到成功。你可以选择考公务员，在搞好个人发展的同时为国家效力。你也可以考取教师资格证，成为一名合格的人民教师，为国家培养人才的同时实现自己的人生价值。你也可以踏入企业，结合自己的专业在企业中寻求发展。当然你也可以经商，成为一名搏击商海的新兵，通过吃苦受累、摸爬滚打寻求属于自己的一片天地。

结合你的实际和我们的情况，爸爸还是建议你在考研和考公务员上多下功夫争取成功，为将来的个人发展助力，为社会的进步添砖加瓦。当然，现在你要全力以赴，完成英语和专业学习毕业答辩，以最好的成绩顺利毕业。

自己的选择自己决定，将来也无怨无悔。但目标一旦制定就要全力以赴、义无反顾地去实现。“宝剑锋从磨砺出，梅花香自苦寒来”，任何成功都需要持之以恒地奋斗、磨炼。曾国藩曾说：天下古今之庸人，皆以一惰字致败；天下古今之人才，皆以一傲字致败。这句话一针见血地指出了多数人失败的原因。庸人以惰致败，而勤奋好学助你成功，人才以“傲”字致败，而谦虚善钻可以助你成功。所以干什么事情都要勤字当头，向别人虚心请教学习，善于钻研、注重总结才能成功；而懒惰懈怠、骄傲自满则会导致失败。做事和做人的道理是一致的，做人也需要尊重他人，不能骄傲自满、目无别人。相信你会做一个严于律己、勤奋善研，善于合作沟通，虚心学习别人长处、克服自己短处的人，也一定会在自己选择的事业上取得成功。

在你即将踏入社会大门的时候，爸爸希望你在以下几个方面做好。

1. 劳逸结合，保证合理的作息时间

晚上10点就要睡觉，早上6点起床，中午适当休息。不吃不健康食品，如烧烤、饮料等，并且不饮酒。有了健康强壮的身体，才能心静，才能在事业上取得成功。

2. 与充满正能量的人交朋友

要和阳光、乐观、积极、自信的人交朋友，这样可以互相鼓励帮助，才会不断进步，直到成功。要远离抱怨、自卑、懒惰、自傲的人，这些人只会阻碍你成功。

3. 做一个守法爱国的公民

社会是法治社会，每个公民必须遵守国家的法律，做任何事情遵纪守法是基础，这也是我们事业成功的基础。道德败坏、违法乱纪的人是不会走得远的，事业是不会取得成功的。

爸爸相信你会做出正确的选择，并通过努力实现自己的选择，成为一个事业成功、乐观开朗、自信坚定的合格公民，实现人生价值，找到幸福人生。

顺祝：

事事如意，

学业成功！

爸爸　相国

2017年4月26日

认真规划，严抓落实，尽心尽力，实现理想

——大学毕业给儿子的一封信

吾儿炜康：

首先祝你生活愉快、学习进步、狗年吉祥、心想事成！

时光飞逝，日月如梭，转眼间，你已经从一个牙牙学语的孩童成长为一名英俊帅气的青年，已经大学毕业，面临就业和考研的抉择。

你的成长应该说是比较顺利的，现在的你阳光、乐观、积极开朗，懂得感恩父母、老师和亲戚朋友，感恩社会，最重要的是你有责任感。无论是对父母、对朋友、对同学，还是对社会，责任感都是非常重要的。有这样的良好品格，加上你大学里学到的计算机方面的知识，你的就业前景应该是很宽的。你可以在计算机方面进一步深造，进入与计算机有关的公司或其他单位从事计算机方面的高层次的编码工作，你也可以利用现在的专业知识考取公务员，为国家效力，为社会作贡献；当然你还可以考取教师资格证，到学校当一名教师，勤勤恳恳、兢兢业业、甘为人梯，一腔热血洒在学生身上，为国家育英才，为民族赢未来。这个时代，是一个伟大的时代，只要你勤奋、刻苦、积极上进，谋求一份工作是很容易的事情。

你现在也可以重整旗鼓、静心研究、深入钻研学问、抓住机遇、勇于开拓进取，以大无畏的精神和一往无前的勇气，克服前进道路上的一切困难，争取考研成功。艰难困苦、玉汝于成，人生就是在不断克服困难中成长进步的。梅花香自苦寒来，成功总在风雨后，失败是成功之母，两次考研失败，为你的成功打下了坚实的基础。但要认真反思失利的原因，制订好严密的计划，持之以恒地落实，以踏石留印、抓铁有痕的态度来落实，不妄言、不虚度，一步一个脚印去攻坚克难，扎扎实实地去行动才会成功。你要考研成功，必须平时下大气力攻克英语，从最基础的单词记忆到听力、口语，到阅读和写作都要下功夫学好。在专业课和政治课上下功夫，搞好平时的学习积累，

学业才会有成，考研才会成功。

从你这段时间的表现来看，我给你提四个方面的建议。

（1）在这个人生的十字路口，人生的关键时期，你自己要做好选择，爸妈都会支持你的。但从你的个人素质和能力来说，我们还是希望你继续读研求学深造，为考取公务员或在大学当好老师做好铺垫，提升生命的质量，提升个人为社会服务的层次。

（2）你必须制订作息计划并严格遵守，早上 7 点前准时起床，晚上 11 点前准时睡觉，除锻炼外认真读书学习，潜心研究学问，水到渠成，功到自然成。理想很丰满而现实很骨感，梦想是多用行动才能实现的，而不是用嘴说出来的。

（3）正确对待交往，多交能够带给你正能量的朋友。不喝或少喝，不要在酒场上喝酒逞能论英雄，小酌怡情，大酌伤身。希望你正确对待，知行合一，不至于拿自己的身体开玩笑。

（4）要找一个实力雄厚的培训机构参加培训，从最基础的单词做起，通过自己的努力，争取在英语上有突破，做到考研和编码的双成功。

炜康，幸福都是创造出来的，幸福都是奋斗出来的。撸起袖子加油干。2018 年你一定会创造出优异的成绩，书写人生的辉煌篇章。

祝：

心想事成，

狗年吉祥！

爸爸　相国

2018 年 2 月 24 日

明确优势，看到不足，持续努力，不断提高

——工作前给儿子的一封信

炜康：

祝贺你通过自己的努力，成为一名光荣的人民警察。天道酬勤，这是你辛勤付出的结果。希望你继续保持良好状态，做到珍惜时间，按时作息，不怕困难，攻坚克难，干好工作。

在入职前你需要认真分析自己的优势和不足，作为一名光荣的人民警察，你的优势在于身体强健，在长跑、篮球、跳高以及身体的协调性等方面都有很大的优势，另外在网络安全方面也有一定的优势，因为你学习的就是计算机专业，在大学里进行了计算机专业的深造，并且从小就对计算机很热爱，对计算机基本技能及编程等都非常感兴趣。你的组织能力、协调能力和管理能力都是比较强的，在大学期间担任班干部也得到了很好的锻炼，要继续发扬优势。你的不足是字体还需要进一步练习，文章还需要多阅读，工作能力还需要在实践中进一步锻炼。以上都是你需要进一步提升的地方。

在入职前希望你做好以下三点。

1. 提前准备，学习提高

不打无准备之仗，未雨绸缪、超前谋划是干好工作取得成功的重要因素。因此，你要认真读书，认真练字，多学习一些法律方面的知识，特别是有关公安方面的法律知识。在工作中，才能做到有法可依、执法必严、违法必究，现在是法治社会，干任何工作都要懂法、用法来解决实际问题。

2. 按时作息，强健身心

要有良好的作息习惯，按时吃饭，按时休息，加强锻炼。人的体能需要持之以恒地锻炼，懒惰只会让体能越来越差，一定要持续发力，要健康饮食，不能吃垃圾食品，不能喝饮料，要多喝开水。要多关注国家大事，把自己的生活学习与国家命运联系起来，强健身心，为国家多作贡献。

3. 广交益友，共同提高

你的同学以及小时候的朋友，有很多都是你值得学习的榜样，他们身上有很多好的方面，要学习他们的优势和长处，对其缺点要引以为戒，并适时引导他们，帮助他们提高。

在交往的时候，要注意戒烟限酒。酒是灌肠毒药，绝不可过度饮酒，多饮伤身，对人与人之间的交往也没有任何好处。烟坚决不能碰，百害而无一利。这些方面希望你在交往的时候要把握好。另外，不管与谁交往，晚上都要按时回家，如果有工作需要加班，要服从领导安排。你是父母最重要的牵挂，将来你有了孩子，为人父的时候就能深刻地体会到这点。

在入职前，要考虑多方面的因素，加强学习，加强锻炼，多交益友，争取成为一名优秀的人民警察。干出业绩，取得荣誉，实现人生价值，让家长、亲戚、朋友、同学为你感到高兴和自豪。

在入职后希望你做好以下三点。

1. 团结同事，和谐关系

你到了新的工作单位后，要尊敬领导，团结同事，尽职尽责干好自己的本职工作。工作中要做到包容、理解、忍耐，不要凭意气用事，要静下心来努力学习提高，干好自己的工作，事事主动积极，多帮助别人，就会和谐关系、互助共赢。

2. 勤奋刻苦，干字当头

勤是立家之本，要做到勤奋、刻苦。一日之计在于晨，一年之计在于春。稻盛和夫说过：当你的勤奋能够感动自己的时候，事情就成功了；勤学如春日之苗，不见其长日有所增，辍学如磨刀之石，不见其损日有所减。当你努力到无能为力、拼搏到感动自己的时候，你就成功了。你入职后，肯定要经过高强度的训练，希望你作好准备，争取出类拔萃、争先创优。

3. 踏实稳重，实字当先

求实主要有两方面意思：一方面是态度，我们要老老实实做人，踏踏实实做事；另一个方面就是落实，学习工作要迅速行动，不拖延。求实才会得到领导的高看、同事的敬重，自己也具备了成功的基础。

4. 勇于创新，不断提升

一个国家、一个民族要发展，必须创新。一个没有创新精神的民族是没有希望的民族，一个人没有创新也不可能发展。爸爸在工作中，不管是当普通教师、班主任、备课组长、年级主任、年级校长，还是现在的校长，都非常注重创新。不断创新，也不断体会到其中的乐趣，实现自我价值，何乐而不为呢？

长风破浪会有时，直挂云帆济沧海。相信你只要做好了充分的准备，在入职后兢兢业业、扎扎实实、踏踏实实地工作，你一定会干出一番事业，实现人生理想。在更高的层次上，体现人生的价值，体会人生的乐趣。同时，为党和国家作出贡献，成为一名真正为人民服务的好警察！

刘相国

2021 年 4 月 22 日

写给炜康和琳琳的一封信

炜康、琳琳：

你们好！

年前，你们订婚、登记，举行仪式，履行了法定的结婚程序，成为夫妻。这段时间，你们忙于结婚筹备，我有一些话想对你们说，也算是分享我自己的一些人生心得，就概括为以下三点吧。

1. 爱是一切的前提

百年修得同船渡，千年修得共枕眠。两个素不相识的人，从相识、相知、相爱，最后走进婚姻的殿堂，组建家庭，这是几世修来的缘分，你们一定要倍加珍惜。你们两人从大二开始恋爱，到现在已经九年的时间，在这九年里，你们互相支持，互相帮助，互相鼓励，共同克服了考研、就业等一个又一个难关，虽然路途中有坎坷，但你们最终都顺利实现了自己的目标。

因此，一定要珍惜这段难能可贵的感情，不要过多地要求对方，要多反省自己，是不是对待爱人就像爱自己一样，真正把对方看作自己生命的一部分，爱护对方超越自己的生命，互敬互爱、相互体贴、相互呵护，才能在生活中体会到幸福。只有两个人相爱，这个家才有温度，才能成为一个真正意义上的家，成为你们避风的港湾，无论在外面受了多大委屈，回到家中，任何伤痛都能被治愈。只有这样，亲人、朋友对你们的帮助和付出才是有价值的，这也是他们最想看到的。

2. 家和才能事兴

组建家庭以后，在日常琐事中可能会遇到许多问题。人生不如意事十之八九，关键是你以什么样的心态去面对。知足者常乐。如果你们只看到了挫折和不如意，生活将变得毫无意义。如果换个角度，以积极乐观的心态去看待生活中的问题，接受人生的挑战，热爱工作、热爱身边的环境、热爱周围的人和事，敢于尝试新的事物，不惧怕失败，这样生活才有意义和光彩。

俗话说：清官难断家务事。家庭的事情，很多时候是分不出对错，说不出所以然的，所以郑板桥说“难得糊涂”也是有道理的。你们两个已经有了九年的感情基础，在一些鸡毛蒜皮的小事上，或是工作中遇到的烦心事，又或是生活中的磕磕绊绊、小矛盾、小摩擦，不要斤斤计较、小题大做，而要互相包容，宽宏大量，尊重理解对方。只有互谅互让，才能家和万事兴。

3. 勤为治家之本

一勤天下无难事，勤快了，很多看似困难的事情也会变得非常简单。业精于勤而荒于嬉，行成于思毁于随。在家中，无论是做家务，做饭，还是其他的事，都要抢着干，谁有空闲谁干，不要推卸自己的责任，而是要携手共进、分工协作、共同分担。只要勤快了，很多事情就会变得简单，很多困难也会迎刃而解。今后你们两人切记，不要一味地懒惰、看手机、不干家务、胡吃海喝，要养好身体，维系好家庭。在家里要互相体谅，心往一处想，劲往一处使，自己能干的事情就要亲力亲为，不要假手于人。现在生活条件好了，多做一些事情不仅能减轻对方的负担，还能增进双方的感情，更能适当地锻炼身体，何乐而不为呢?

父母之爱子，则为之计深远。身为父亲，我将这些生活的阅历和经验分享给你们，希望你们能真正地理解、感悟，在生活中互相包容，携手并进，经营好你们的小家。心情舒畅、身体健康地投身到工作中去，干出成绩，为家庭争得荣光，为国家和民族作出贡献!

刘相国

2023 年 3 月 2 日

后　记

在写作本书的过程中，我不断留心观察，积累了许多素材。我仔细收集了很多资料，并融合了平日学校工作里的各种体验、思考与见解，以及从会议等大型活动中得到的启发。这些都为本书的创作提供了宝贵的灵感和素材。

我要特别感谢我的家人、朋友、同事以及出版者，在整个创作过程中给予我的支持和帮助。这让我有足够的精力去展现自己内心的想法，并把我的作品分享给更多人。

这本书围绕着培养人才的主题，深入思考并实践了如何“为党育人，为国育才”，这是我多年来的思考和实践的结晶。我坚信教育是培养国家人才的根本途径，为党育人、为国育才也是每一位教育工作者的责任和使命。

在书中，我分享了自己对于教育的一些思考和个人体会，希望能够与读者分享并激发更多人对于教育事业的关注和热爱。我希望本书能够引起读者的共鸣，让我们共同努力，为培养更多有用的人才而不懈奋斗。

最后，再次感谢所有支持和关注本书的人，愿我们共同为建设美好的国家和社会贡献自己的力量。

作　者

刘相国